Guilherme Cunha

Os bancos não percebem, mas
MERCADO IMOBILIÁRIO É AT RE

escrituras

São Paulo, 2015

Copyright do texto © 2015 Guilherme Cunha
Copyright da edição © 2015 Escrituras Editora

Todos os direitos desta edição reservados à
Escrituras Editora e Distribuidora de Livros Ltda.
Rua Maestro Callia, 123 – Vila Mariana – São Paulo, SP – 04012-100
Tel.: (11) 5904-4499 / Fax: (11) 5904-4495
escrituras@escrituras.com.br
www.escrituras.com.br

Diretor editorial: Raimundo Gadelha
Coordenação editorial: Mariana Cardoso
Assistente editorial: Gabriel Antonio Urquiri
Revisão: Paulo Teixeira
Imagens: Leonardo Menezes
Capa: Raimundo Gadelha e Bruno Brum
Projeto gráfico e diagramação: Bruno Brum
Impressão: Assahi Gráfica

```
Dados Internacionais de Catalogação na Publicação (CIP)
       (Câmara Brasileira do Livro, SP, Brasil)

  Cunha, Guilherme
      Os bancos não percebem, mas mercado imobiliário
  é arte / Guilherme Cunha. — São Paulo:
  Escrituras Editora, 2015.

      ISBN 978-85-7531-647-4

      1. Arte - Mercado 2. Crédito imobiliário -
  Brasil 3. Imóveis - Avaliação 4. Imóveis -
  Comercialização 5. Mercado imobiliário - Brasil
  6. Mercado imobiliário - História I. Título.


  15-06807                             CDD-333.3820981
```
Índices para catálogo sistemático:
1. Brasil: Mercado imobiliário: História:
   Economia   333.3820981

Impresso no Brasil
Printed in Brazil

Dedico este trabalho à memória de meu irmão Ivo Alves da Cunha, com quem tive o privilégio de conviver e absorver esta ideia de que *o mercado imobiliário só pode ser praticado com arte*.

Meu irmão tinha uma fantástica capacidade de trabalho e uma sensibilidade muito peculiar para avaliação de negócios que o fizeram destacar-se em todas as atividades que desenvolveu.

Especificamente no mercado imobiliário, que é o tema de nosso trabalho, refiro-me a meu irmão Ivo como o mais capacitado empresário do mercado brasileiro. Criativo, inovador, honesto, simplório e admirado por todas as classes de prestadores de serviços com quem conviveu.

Agradeço à minha mulher Sigrid pelo apoio fundamental em minha vida e na realização deste trabalho.

Agradeço à minha filha Luiza pela ajuda na revisão e produção deste trabalho.

Aos meus filhos André Luiz, Felipe, Guilherme Filho, Luiza e à minha nora Mariana.

Alguns profissionais e amigos foram essenciais ao longo de minha vida de trabalho e a eles rendo minha gratidão e homenagem:

- Meu primeiro emprego como estagiário convidado por Luiz Cyrillo Fernandes na Gomes de Almeida Fernandes.
- Ederlei, responsável pela área de orçamentos da Gomes de Almeida Fernandes como grande incentivador.
- Jochen Kemper e Dante Ferretti, na IBM do Brasil.
- Martin Hester, na Brascan Administração e Investimentos.
- Celso Valias pela ajuda fundamental na fase de organização da futura Brascan Imobiliária.
- Renato Garcia Justo, Salim Zananiri, Theodoro Couto e Manuelito Olimecha, os grandes pilares de sustentação e sucesso da Brascan Imobiliária.
- Maria Alice de Marsillac Plunket, arquiteta de grande talento e interlocutora ao longo dos últimos 35 anos nas principais avaliações de projetos.
- José Alfredo e Claudio Neves, da Plarcon Engenharia em importantes parcerias de negócios.
- Marcos Accioly, parceiro em diversos negócios.
- Joaquim Margarido e Ricardo Vidal Cesar, em Manaus – AM.
- Vergílio Pinto, Sérgio Bassi e Frederico Bonnard Dias da Costa, grandes amigos que muito me ajudaram quando mudei para São Paulo.
- Carlos Alberto Siqueira, um grande mestre e profundo conhecedor do mercado de São Paulo.
- Armando Conde, sócio e parceiro em vários empreendimentos.
- Jayr Olindo Russolo, José Luiz Russolo e Marcelo Fachini, pelo apoio fundamental na realização do primeiro loteamento fechado de Araras – SP, o Terras de Santa Olívia.

Sumário

Introdução 11

Prefácio 15

Apresentação 19

CAPÍTULO 1
O mercado contemporâneo 21

CAPÍTULO 2
O mercado imobiliário na economia 33

CAPÍTULO 3
Demanda é necessidade 37

CAPÍTULO 4
Ciclos de demanda 39

CAPÍTULO 5
Transportes e o custo do desperdício 47

CAPÍTULO 6
Terreno – a matéria-prima essencial 51

CAPÍTULO 7
Intervenção e renovação urbana 55

CAPÍTULO 8
Cases exemplares de mercado 59

CAPÍTULO 9
Vocacionar é preciso 83

CAPÍTULO 10
A construção civil no processo da incorporação 91

CAPÍTULO 11
Os encantadores de serpente 93

CAPÍTULO 12
Os mercados 99

CAPÍTULO 13
O provincianismo 101

CAPÍTULO 14
Conclusões 103

Eu e Ivo 109

Introdução

Isto não é uma introdução, mas uma confissão: há uma grande injustiça no fato de Guilherme Alves da Cunha ser melhor conhecido pelo sucesso de seus empreendimentos imobiliários, quando na realidade ele seria melhor definido como o inovador do mercado imobiliário. Aquele que soube respeitar o ângulo urbanístico, social e arquitetônico de cada projeto, sem comprometer o sucesso econômico dos seus desenvolvimentos.

Seu complexo perfil o fez inimitável.

Seus projetos, bastante heterogêneos, representaram no curso de sua carreira não só sucesso, mas uma grande influência no mercado imobiliário para grandes entidades, dentre as quais tomo a liberdade de mencionar Brascan, para quem também colaborei como arquiteta, e Gafisa, da qual seu irmão Ivo Alves da Cunha era um dos sócios ativos, com sucesso e respeitabilidade.

Numa reunião de trabalho que tive em São Paulo na Gafisa, escutei um comentário muito revelador que Ivo fez sobre o querido irmão: *Ninguém pode imitar Guilherme em suas muitas facetas e todos aqueles que tentaram falharam em algum lugar.*

Fui, eu mesma, testemunha de *grandes fiascos sem Guilherme,* em áreas de shopping centers, hotelaria e condomínios. Erros na interpretação do momento econômico, erros na faixa de custos e muitas vezes alienação no contexto de integração social refletida na ausência de escolas, creches e assistência de saúde.

No Brasil, como arquiteta, lidei com ele em muitos projetos e sinto-me na posição de acrescentar que criamos juntos muitos conceitos inovadores. Em anos de atividade na arquitetura nos Estados Unidos, Europa, África e até na Rússia, usei mentalmente *sua presença em sua ausência*. Fiz apresentações fictícias a ele e elaborei suas reações e críticas.

Em minha cabeça, sempre trabalhei para ele e sempre segui suas regras, principalmente em relação ao impacto urbanístico e harmonia ambiental.

Em Moscou disse ao Prefeito, em seu escritório maravilhoso do século 19: *Para cada entrada de acesso deste shopping center subterrâneo temos que planejar quatro saídas para escapar de qualquer eventualidade.* Ficaram impressionados e me acataram. Uma vez na rua me perguntei: onde escutei isso? De onde tirei essa regra de Health & Safety? Respondi a mim mesma: eu sei! Seguramente Guilherme deve ter me dito isso no passado.

Não o via há mais de 10 anos...

Meu último projeto com ele foi apresentado com sucesso às Nações Unidas e abordava *The Aging Population and the Impact in Architecture.*

Os extremos podem se tocar: jovens profissionais com família e os mais velhos que necessitam de assistência, mas não de abrigo ou hospital. Ambos precisam de assistência e podem desfrutar positivamente de uma perfeita e harmoniosa vizinhança.

O que está em jogo hoje neste livro não é o mercado que viveu, mas fundamentalmente a maneira futura de se viver. Se o carro é hoje o grande produtor de poluição, encontrar alternativas de combustível não é suficiente. Teremos de repensar as cidades, os bairros, as distâncias do local de trabalho e moradia, e também a qualidade do tempo para si próprio.

Guilherme investiga em uma linguagem bastante interessante pontos de uma realidade econômica e social do nosso País, e reflete sobre erros do passado e riscos do futuro no mercado imobiliário.

É também um grito de alerta para a onda internacional de crimes bancários, que tenta contagiar a economia governamental de muitos países.

Nada escapou à sua análise. Chamo, porém, a atenção que ironicamente a mesma análise se aplica a muitos países na Europa e na América do Norte, onde grandes segmentos de população são motivados a comprar a primeira casa, criando dívidas e se escravizando a pagar infindáveis juros.

Este relato sobre o mercado imobiliário como uma arte é um convite que Guilherme nos faz para repensar nosso modo de vida.

Conte comigo, meu grande amigo,
Maria Alice de Marsillac Plunkett, AIA RIBA RIAI

Best regards,
Lady Dunsany

Prefácio

Meu caro amigo Guilherme Alves da Cunha, sempre tão inteligente e sensato, cometeu todavia a imprudência de convidar-me para prefaciar este livro.

Apesar da escassez de tempo disponível, provocada por meu trabalhosíssimo e cansativo escritório de consultoria jurídica, não pude deixar de atender a seu pedido, que constitui, para mim, uma imensa honra, posto totalmente imerecida, até porque só me recordo de ter prefaciado, e há muito tempo, duas pequenas obras jurídicas, hoje caídas no relento...

Conheci o Guilherme nos idos de 1978, na Brascan Imobiliária S/A (hoje Brookfield), no Rio de Janeiro, apresentado pelo amigo e colega da Procuradoria Geral do Estado, o eminente Professor Ricardo Lyra, advogado daquela grande empresa, da qual o Guilherme fora um dos verdadeiros fundadores.

Desde logo surgiu entre nós uma recíproca simpatia, que progressivamente se converteu numa sólida amizade, que permanece irredutível até hoje.

Cedo passei a admirar a extraordinária inteligência de Guilherme, sua capacidade de trabalho, criatividade, elegância e cavalheirismo, com uma intuição quase mágica para conceber os empreendimentos mais adequados aos melhores terrenos e um faro incrível para localizá-los e negociar sua aquisição. Via onde poucos viam, e a ele se devem alguns dos mais bem sucedidos empreendimentos imobiliários naquelas duas cidades, àquela época, a exemplo do *Quartier Ipanema* na praça N. Srª da Paz, que também me deu um imenso trabalho.

Foi ele, também, quem insistiu para que a Brascan adquirisse – enfrentando a resistência de muitos diretores que não tinham sua mesma visão – grandes áreas na Barra da Tijuca – bairro à época cheio de problemas jurídicos com litígios de toda a natureza que se arrastavam há dezenas de anos. Só um dos processos em que tive que atuar, possuía mais de 10 volumes, felizmente ajudado por dois grandes advogados que então vieram juntar-se a mim, Roberto Wilson e Luiz Antonio Campos Mello, ambos magníficos.

Mas Guilherme sabia que o Rio marchava para lá, como apenas raros empresários assim também pensavam, como os extraordinários Sérgio Dourado, Carlos de Carvalho (que soube inteligentemente esperar a hora certa para lançar *sua* Península), José Isaac Peres e o saudoso Natalino Rabinovitch, todos eles brilhantíssimos.

As extensas áreas que Guilherme escolheu e convenceu o também saudoso Jacky Delmar, talentosíssimo presidente da Brascan Imobiliária, a adquiri-las – e em condições razoavelmente fáceis – em pouquíssimo tempo experimentaram extraordinária valorização, e ali foram edificados belíssimos edifícios, inspirados nos da Flórida...

Em meados de 1988 – se bem me recordo – Guilherme transferiu-se para São Paulo, onde continuou sua carreira de sucessos.

Esta preciosa obra, que contém magnífica exposição histórica do desenvolvimento do mercado imobiliário, nos últimos 40 anos, no Rio de Janeiro e em São Paulo, com uma análise crítica dos maiores problemas enfrentados por seus principais agentes – cujo diagnóstico é feito por um profundo conhecedor desse mercado, porque dele participou ativamente – constitui um verdadeiro manual, de leitura aconselhável para todos os incorporadores, corretores, arquitetos e até pequenos construtores.

Por seu caráter eminentemente didático, este livro é também recomendável para os professores de urbanismo, devendo ser ensinado a seus alunos. O Brasil precisa de uma nova geração, bem mais esclarecida, que saiba reivindicar a solução dos reais problemas de moradia, lazer e transporte em seus bairros.

Mas, acima de tudo, deve ser um livro de cabeceira, uma bússola precisa, para todos os prefeitos, secretários de urbanismo – em grande número, infelizmente, políticos sem experiência alguma no assunto – e também para os membros das câmaras de vereadores em todo o país, a fim de evitar a repetição de desastrosos planos urbanísticos, que ao invés de melhorar (como sonhavam seus desatentos autores), acabaram por infernizar a vida dos cidadãos, dificultando também sua mobilidade, provocando quilométricos engarrafamentos...

Ao dizer que o Mercado é uma Arte, Guilherme utiliza com acerto o vocábulo, em seu mais amplo sentido, como aptidão, *dom*, destreza, jeito, conhecimento técnico, talento, perfeição e *fé*, qualidades que, naturalmente, devem ser acompanhadas de senso de oportunidade, olhos atentos e penetrantes, energia, liderança e rapidez de decisão.

Por tudo isso, aconselho também a leitura deste magnífico livro a todas as pessoas cultas que queiram informar-se sobre tudo que acontece à sua volta, no amplo e complexo mercado imobiliário, sempre em dinâmica transformação.

Mas a história continua sendo a mestra da vida.

Renato Garcia Justo

Apresentação

Com uma vivência de 40 anos no mercado imobiliário atuando em diversas regiões do País e com foco principal no eixo Rio-São Paulo, seja como fundador da Brascan Imobiliária e responsável pela área de desenvolvimento, como incorporador e consultor por meio da empresa Produtiva Consultoria de Marketing e Participações Ltda., dentre outras atividades no setor, trago uma avaliação crítica de muitas experiências vividas e observadas com o objetivo de promover uma visão mais ampla na análise do desenvolvimento de negócios imobiliários.

Esta visão de mercado com breve histórico refere-se exclusivamente aos mercados de médio e alto padrões nas cidades do Rio de Janeiro e de São Paulo onde efetivamente se podem mensurar demandas anuais regulares nos últimos 40 anos.

Segundo sempre afirmou meu irmão Ivo Alves da Cunha, um dos maiores incorporadores do mercado imobiliário brasileiro com mais de 12 milhões de metros quadrados realizados ao longo de 50 anos de atuação, *Mercado imobiliário é pura arte*, ou seja, uma arte sensata que não pode estar atrelada à volumetria econômica de outros mercados de ofertas renováveis.

Terrenos não são renováveis como outras matérias-primas industriais e gosto de afirmar que *terreno é a única coisa que Deus não faz novamente.*

No Brasil, as cidades envelhecem e se expandem de forma desordenada e sem planejamento urbanístico, processo no qual o grande prejudicado é o seu habitante.

Infelizmente não existe regulamentação eficaz para processos de intervenção urbana, o que torna impraticáveis as diversas iniciativas de renovação. As cidades sempre caminham na direção de novos bairros e periferia com carência de infraestrutura e de serviços públicos básicos, gerando degradação da qualidade de vida.

Os sistemas de transporte geralmente privatizados não têm interesse na busca de macrossoluções que enfraqueceriam seus negócios e, em contrapartida, congestionam as cidades com a péssima logística, ilógica e irracional.

O saneamento básico fica sempre protelado porque são obras que não têm efeito político – não dão votos –, observando-se uma mobilidade urbana desordenada e cada vez mais desprovida de planejamento.

As cidades vão assumindo uma morfologia deformada, com o verdadeiro apodrecimento dos bairros e das edificações mais antigas, embora muitas vezes com valores extremamente altos devido à localização como se pode observar em zonas nobres das grandes cidades.

Percebe-se nos dias de hoje um grande desalinhamento entre oferta e procura de imóveis nas principais cidades do Brasil. Precisamos voltar a repensar em tantos fatores que fizeram com que empresas nesse ramo de atividade tivessem vida tão curta.

O empresariado brasileiro ainda não aprendeu a respeitar as dimensões reais dos diversos segmentos que compõem o mercado imobiliário e se deixa influenciar por medidas governamentais que expandem o crédito de forma desordenada.

Os reflexos são sentidos por uma total inadequação entre ofertas e capacidade aquisitiva dos que acessam o mercado e não conseguem sonhar com a casa própria.

CAPÍTULO 1

O mercado contemporâneo

Década de 1960

Iniciamos nossa análise no período de criação do Banco Nacional de Habitação (BNH), criado pela Lei n. 4.380/1964 como uma autarquia federal visando a administrar as ações de financiamento imobiliário e cuja estrutura foi denominada Sistema Financeiro da Habitação (SFH).

Em 1966, foi criado o Fundo de Garantia do Tempo de Serviço (FGTS) como forma de custeio por meio da poupança compulsória do programa habitacional do governo e como principal base de recursos dirigidos ao financiamento da casa própria.

Os depósitos do FGTS eram administrados pelo BNH e inicialmente várias formas de remuneração aos recursos do fundo foram estabelecidas até prevalecer a remuneração de 3% ao ano que nos dias atuais se soma à TR (Taxa Referencial).

Na década de 1960, o mercado se concentrava no tradicional preço de custo e caracterizava-se pela aquisição de frações ideais de terreno mais o custo da construção por meio das chamadas obras por administração, que promoviam assembleias mensais entre condôminos para a provisão de recursos necessários ao andamento das obras.

O preço de custo alavancou grandes construtoras que se especializaram na administração de obras com risco relativamente baixo e cobrança de honorários aplicados aos custos.

Assim nasceu o *expertise* na incorporação imobiliária, quando a arte do negócio era comprar e vocacionar terrenos. Muitos construtores com capital próprio compravam terrenos bem localizados e vendiam frações ideais sobre as quais se apurava uma boa rentabilidade.

Comprar terrenos adequados a uma demanda real transformou-se numa especialidade e arriscaria a dizer que essa *arte* de prospectar e idealizar negócios bem adequados transformou-se no embrião de algumas poucas empresas que tiveram longa duração e formaram, como verdadeiras escolas, especialistas que se disseminaram no mercado.

Raramente se encontravam obras do tipo *preço fechado*, que, na maioria das vezes, sucumbiam pela falta de índices setoriais de correção de custos. Quando existiam financiamentos, estes se alongavam com saldos devedores intermináveis.

A Lei n. 4.591/1964 chamada de Lei das Incorporações, trouxe segurança para o mercado imobiliário, estabelecendo responsabilidades para o empreendedor e garantias aos adquirentes.

A Lei n. 4.591 estabeleceu a obrigatoriedade de um Registro das Incorporações junto ao Registro Geral de Imóveis com a descrição total do empreendimento a ser construído, arquivando também um quadro detalhado das áreas e a minuta da convenção para futura instalação do condomínio.

Com as responsabilidades estabelecidas por meio da identificação da idoneidade do incorporador e de suas responsabilidades perante a lei, o comprador passou a ter garantia de uma compra feita na *planta*, como popularmente nos referimos à compra feita no lançamento com a promessa das futuras acessões ou obra concluída com *habite-se*.

Década de 1970

Os financiamentos regulamentados pelo BNH e as garantias trazidas pela Lei n. 4.591 expandiram a oferta de oportunidades voltadas para a classe média, que representava enorme demanda reprimida, e permitiram o acesso ao crédito em larga escala.

A busca de terrenos para incorporar passou a ser intensa com as facilidades de crédito e como não poderia deixar de ser a valorização imobiliária passou a ser induzida pelo custo de reposição dos terrenos bem localizados.

Rio e São Paulo, principalmente, transformavam e expandiam de forma rápida muitos bairros. Uma das características marcantes desta época era a utilização de fachadas *estilosas* que lembravam a aparência de prédios mais luxuosos, existentes nos bairros mais tradicionais. O marketing da época era o da reedição de fachadas tradicionalmente consagradas, porém com apartamentos de outra tipologia adequados à grande, nova e crescente demanda de compradores da classe média. Muitas vezes, fachadas muito semelhantes em terrenos com mesma área e no mesmo bairro abrigavam apartamentos do tipo um por andar e torres quase gêmeas abrigavam tipologias absolutamente diferentes com dois ou quatro apartamentos por andar.

Os financiamentos por meio do SFH utilizavam cálculos pela Tabela Price e muitos adquirentes traziam os receios das velhas carteiras hipotecárias, cujos saldos devedores intermináveis tiravam o sono de muita gente.

O SFH passou também a adotar a modalidade de financiamento pelo sistema SAC (Sistema de Amortizações Constantes), também chamado Sistema Hamburguês, com amortização linear do valor do financiamento e juros decrescentes, amortizando mais rapidamente o saldo devedor, além da garantia de um prazo final para quitação da dívida.

O SAC trazia vantagens nos aspectos da definição do prazo final e das prestações decrescentes e, em contrapartida, exigia um comprometimento de 30% da renda do comprador. Como no sistema SAC as prestações iniciais são mais altas, o comprometimento de renda passou a limitar muito a capacidade dos compradores.

Nessa época, abria-se um mercado novo com vasta oferta de crédito residencial e não havia grande preocupação com critérios de produto, porque a necessidade existia e bastava anunciar para vender a quem chegasse primeiro.

Em São Paulo, chegou-se a utilizar *stands* de venda do tipo *iglu*, infláveis e de rápida instalação, porque os lançamentos se repetiam quase que semanalmente.

Muitos se aventuraram em imaginar que o mercado seria inesgotável e, em muitos casos, a falta de experiência penalizou várias empresas que formaram estoques sem liquidez e como consequência muitas quebraram.

Essa falta de critério regulador de oferta de crédito veio a ser a grande responsável pela própria extinção do BNH nos anos 1980.

As instituições financeiras repassadoras não tinham técnicos com o preparo necessário para avaliar os riscos de projetos mal desenvolvidos e mal focados no mercado. Costumava-se dizer ainda que o crédito imobiliário ficava na *cozinha dos bancos*. O resultado foi a formação de vultuosos estoques de obras acabadas e inacabadas, e uma grande quebradeira de agentes de crédito e poupança e de empresas incorporadoras despreparadas para o mercado.

Muitos sistemas alternativos foram testados para resguardar os mutuários como o Fundo de Compensação das Variações Salariais, o Plano de Equivalência Salarial e o Plano de Comprometimento da Renda. A grande dificuldade foi sempre conciliar a correção monetária incidente nos contratos com a variação da renda dos mutuários.

Poucos empreendedores se dão conta de que muitas vezes um só projeto imobiliário tem um custo maior do que uma grande fábrica e que seu risco pode se converter numa quebra em um só negócio.

A incorporação imobiliária é de fato uma atividade industrial com todos os riscos do negócio e pode-se dizer que, comparada ao automobilismo, a indústria imobiliária seria a *Fórmula 1*, pois nenhum negócio industrial tem início, meio e fim com a velocidade de uma incorporação.

Os anos 1970 valorizaram a cultura do chamado *ponto*, segundo a qual a localização era o fator predominante no desenvolvimento de produto. A prospecção de terrenos bem localizados ou sua formação agregando diversos imóveis mais uma vez caracterizou a arte principal do negócio.

Década de 1980

Os anos 1980 foram de muita estratégia na concepção de empreendimentos. Embora houvesse dificuldade na obtenção de áreas nos bairros com alta liquidez de vendas, novos bairros foram ofertados e ocupados, além de que os financiamentos voltavam ao mercado com grupos de análise mais seletivos e mais bem treinados pelos bancos, o que garantiu um mercado mais profissionalizado.

O Plano Cruzado ou chamado *Plano Sarney* no ano de 1986 foi desastroso para o mercado imobiliário. Ao tentar congelar a inflação por um ano criou a falsa expectativa de que vivíamos em um País de moeda estável. Ao final de um ano quando a inflação explodiu em ritmo galopante chegando a quase 27% ao mês em maio de 1987 o mercado sentiu a necessidade de conter brutalmente as ofertas e administrar o que tinha vendido a prazo porque os compradores não suportavam o impacto inflacionário.

Em 1986, o BNH foi extinto e por consequência o SFH e a administração dos recursos do FGTS, das cadernetas de poupança e da arrecadação dos mutuários passaram para a competência da Caixa Econômica Federal.

Em 1987, o Fundo de Compensação de Variações Salariais foi restrito somente às populações de baixa renda devido à disparada inflacionária e à inviabilidade de administrar este fundo com recursos provenientes dos próprios usuários.

Lamentavelmente, em minha opinião, o Banco Nacional de Habitação não conseguiu sobreviver até o advento do Plano Real. Poderíamos ter hoje o maior banco imobiliário do mundo, regulamentando recursos adequados aos mais diversos segmentos do mercado, evitando principalmente o prejuízo de muitas empresas tradicionais que nos anos 1990 tiveram de correr riscos financiando seus compradores para se manterem ativas.

A falta de planejamento estratégico à luz de todas as tentativas de planos econômicos experimentados no Brasil foi fatal para a sobrevivência de muitas empresas que não souberam se prevenir.

Convivi particularmente com diversas empresas do setor que nunca enxergaram além do seu negócio do dia a dia e, por consequência, nunca souberam avaliar seus riscos. Revezes poderiam ter sido evitados se as empresas incorporadoras deixassem de pensar exclusivamente no seu negócio e avaliassem melhor a conjuntura econômica por meio de análises micro e macroeconômicas, além de referências exemplificadas por ocorrências globalizadas.

Faço citação a um grande empresário do mercado que nesta ocasião me confidenciou que se tivesse mantido sua carteira de terrenos sem incorporar e sem sustentar sua estrutura administrativa, teria atravessado os diversos planos econômicos e teria multiplicado seu patrimônio sem esforço.

A Lei n. 6.766/1979, que regulamentou o Parcelamento do Solo e que pode também ser chamada de Lei dos Loteamentos, dinamizou no país a criação dos chamados *loteamentos e condomínios fechados*.

A Lei estabeleceu direitos e deveres aos loteadores nos mesmos moldes da Lei das Incorporações. Igualmente, alguns estados da federação, para maior segurança dos adquirentes, criaram normas complementares em conformidade com o meio ambiente, tráfego, saneamento básico, fornecimento de energia elétrica e ajustes com todas as concessionárias públicas envolvidas nos processos como ocorreu em São Paulo com o Graprohab.

Década de 1990

As décadas de 1980 e 1990 transformaram em muito o estilo de moradia em todo o Brasil com os condomínios e loteamentos fechados acrescentando qualidade de vida, segurança e status à vida das famílias.

Diante do que ocorrera no final dos anos 1970, as instituições financeiras afetadas pelos juros altos e inadimplências resolveram se afastar do setor imobiliário e coube às próprias construtoras e incorporadoras a função de tomar créditos e financiar seus clientes.

O risco passou a ser todo ou quase todo dos incorporadores.

Com o crédito lançado a risco dos incorporadores e numa tentativa de dar mais segurança ao processo inflacionário da época, foi aberto o crédito aos empreendimentos comerciais, que possibilitou o acesso de profissionais liberais, pequenas e médias empresas à compra de escritórios, aproximando serviços em bairros residenciais carentes deste tipo de infraestrutura.

O mais inesperado viria a ocorrer a partir de 1994, com o descasamento entre a TR (Taxa referencial), índice utilizado no reajuste das cadernetas de poupança, e o IGP-DI da Fundação Getulio Vargas, índice de preços utilizado para correção dos financiamentos repassados pelos incorporadores aos adquirentes.

Entre 1994 e 1998 a TR subiu 30% acima do IGP-DI.

A grande questão é que os incorporadores entre 1992 e 1993 contraíam créditos para construção com garantia hipotecária junto ao SBPE (Sistema Brasileiro de Poupança e Empréstimo), com correção pela caderneta de poupança (TR mais 6% ao ano) mais juros médios de 13% ao ano, totalizando a TR mais 19% ao ano.

Em contrapartida, os financiamentos de saldos devedores dos compradores, financiados a risco dos incorporadores, eram corrigidos pelo IGP-DI acrescidos de juros de 12% ao ano.

Este descasamento de índices decretou o fim de muitos incorporadores tradicionais, criando oportunidade para o mercado financeiro assumir sem preparo e com muitos favorecimentos um dos mercados mais estáveis do país e modelo de referência para muitas outras nações.

Nesta época, buscavam-se também produtos que oferecessem menos risco nos financiamentos diretos em segmentos como flats e escritórios.

O Rio de Janeiro perdeu a grande oportunidade de expandir sua indústria turística nos anos 1980/1990 por falta de posturas municipais adequadas que viabilizassem os flats e a hotelaria. Muito se tentou embora restrições impostas a esse tipo de produto no Rio de Janeiro inviabilizassem sua expansão.

As consequências são sentidas na ocasião de grandes eventos vinte anos depois.

Nesse período, na cidade de São Paulo, a oferta hoteleira foi acrescida de mais de 25.000 quartos de hospedagem somente com investimentos provenientes do mercado imobiliário na era dos flats e condomínios hoteleiros.

A estabilidade monetária trazida pelo Plano Real mudou a visão tradicionalista do mercado imobiliário.

Os investidores que representavam uma grande parcela da demanda do mercado imobiliário começaram a enxergar o ganho real em outros ativos financeiros e a estabilidade de preços nos produtos imobiliários já não os convencia.

O Plano Real favoreceu os bancos repassadores de recursos e prejudicou dramaticamente o mercado imobiliário naquele momento pelo acúmulo de créditos tomados para financiar diretamente seus adquirentes. Muitas empresas incorporadoras tomadoras de recursos do SBPE, SFH (Sistema Financeiro de Habitação) e do SFI (Sistema Financeiro Imobiliário) foram obrigadas a assumir encargos financeiros – tragicamente defasados pelo descasamento dos índices já citado.

Empresas tradicionais do mercado imobiliário sucumbiram com os encargos devidos aos bancos e apesar de todas as apelações jurídicas nas mais altas esferas chegando até o Supremo Tribunal Federal não conseguiram reverter a situação.

As instituições financeiras repassadoras e credoras foram favorecidas.

O enfraquecimento do mercado imobiliário fez com que muitas empresas tradicionais se retirassem criando espaço para que instituições financeiras apostassem na solidez do mercado imobiliário numa visão a longo prazo, e viessem a adquirir parcerias e participações acionárias em algumas poucas empresas que remanesceram.

Em 1997, o advento da Lei n. 9.514, que instituiu a Alienação Fiduciária para o financiamento de imóveis, atraiu mais ainda a atenção de instituições financeiras.

A retomada de unidades inadimplentes, antes do advento dessa lei, constituía o maior obstáculo para o crédito imobiliário porque os processos eram extremamente demorados e pouco convenientes para os credores.

Anos 2000

A partir de 1999, a correção das cadernetas de poupança por meio da TR mais 0,5% ao mês de juros criou um distanciamento da inflação medida pelo INPC que chegou à casa dos 90% de perda em meados de 2014.

Isso fez com que as operações do SFH e do SFI se tornassem extremamente atraentes para o mercado financeiro que passou a praticar juros baixos em decorrência da utilização de recursos da Poupança e do FGTS que possibilitavam um spread muito conveniente.

No início dos anos 2000, notadamente entre os anos 2002 e 2005, a necessidade política de gerar empregos na indústria da construção civil apoiada pela visão pouco criteriosa do mercado financeiro fez com que o Governo incentivasse a expansão do crédito sem nenhum critério de equilíbrio mercadológico.

O mesmo processo ocorrido nos anos 1970 voltou a se repetir, gerando uma especulação imobiliária desenfreada na qual os grandes prejudicados foram aqueles que compraram acreditando em lucros milagrosos e na futura geração de compradores do mercado que teriam dificuldades para sonhar com a casa própria.

A grande questão é que o mercado imobiliário depende de uma matéria-prima chamada *terreno*. Quando existe expansão de crédito os terrenos passam a ser literalmente caçados a qualquer custo. Para se ter uma ideia no Rio de Janeiro entre 2008 e 2014 houve valorização dos terrenos acima de 300% em muitos bairros e que se refletiram diretamente nos preços finais de venda.

Esse foi o momento no qual o mercado imobiliário mudou seu foco da arte de adequação de produtos e se transformou numa atividade com tendência volumétrica na qual o mais importante era a projeção de um volume anual de vendas crescente desrespeitando regras e limitações do mercado.

Nesse período, para formar volumes de venda, verificou-se algo inédito no mercado imobiliário: o deslocamento de tradicionais empresas incorporadoras focadas no eixo Rio-São Paulo para outras capitais e cidades menores em todo o Brasil de forma absolutamente desordenada, sem critérios e sem conhecimento das limitações naturais de mercados com polarização de renda e dimensões totalmente inadequadas comparadas aos padrões de seus mercados de origem.

Em 2004 a Lei n. 10.931 instituiu o Patrimônio de Afetação segundo o qual cada empreendimento representava um patrimônio próprio sem o risco de as empresas quebrarem e levar seu patrimônio para uma massa falida, aumentando assim ainda mais a segurança para financiadores e principalmente para adquirentes finais.

A partir de 2005, as incorporadoras passaram a buscar um dinheiro barato no mercado por intermédio dos IPOs (Initial Public Offering) de forma a se capitalizarem para comprarem mais terrenos e aproveitarem a vasta oferta de financiamentos. Os mercados regionais de origem já não satisfaziam estes incorporadores ávidos por grandes volumes de vendas e a onda de aberturas de capital era crescente.

A busca por uma nacionalização do mercado levava as empresas incentivadas também por corretores (que não corriam riscos) a grandes aventuras imobiliárias em mercados sem potencial para tanta oferta.

No final dos anos 1990 e início de 2000, houve um grande aumento na construção de edifícios corporativos adaptados a uma demanda sofisticada. Intensificou-se a participação do mercado financeiro neste tipo de empreendimento com finalidade de locação, visando inclusive aos futuros fundos imobiliários. Os Fundos Imobiliários, lastreados principalmente por edifícios corporativos e espaços comerciais próprios para logística, permitiram o acesso de pequenos investidores a um novo mercado de locações.

O mercado de imóveis residenciais com a escassez e altos custos de terrenos em bairros nobres, começou a tomar uma nova feição com a chamada fase de *produto*.

Quando se lançava um empreendimento por meio da conquista de terreno bem localizado ocorriam *vendas-relâmpago*, e grande valorização até a curto prazo, fazendo com que terrenos em bairros nobres alcançassem valores estratosféricos.

Abria-se mais espaço para bairros novos intensificados com propostas como condomínio clube, espaços gourmet, churrasqueiras na varanda, fitness center, raias de natação cobertas e aquecidas, elevadores inteligentes, centrais de segurança monitoradas, dentre muitos outros. Esses agregados passaram a fazer parte dos chamados briefings de produto e cada vez mais se tornaram obrigatórios nos novos empreendimentos.

Fatalmente o mercado conviveria com as consequências da falta de adequação e novamente muitas empresas sucumbiram ou saíram do mercado abrindo espaço para um futuro período de nova escassez de ofertas. Consequentemente, isso abriu espaço para um novo ciclo de renovação de produto imobiliário.

Em grande parte como abordaremos em capítulos seguintes, o fenômeno se deve à falta de reguladores de oferta de crédito.

Quando o governo utiliza crédito imobiliário para gerar emprego da forma mais conveniente e rápida o fenômeno se repete.

Outro fato comparativo ocorre na indústria automotiva, que é a maior geradora de empregos. Quando existe ameaça de demissões, o governo reduz impostos para incrementar a demanda. Em nenhum momento, o governo requer da indústria uma redução de suas margens de lucro.

O incentivo fiscal produz um aumento considerável nas remessas de lucro às matrizes dos grupos automotivos no exterior.

O mercado cria uma bolha de consumo visando única e exclusivamente à preservação do emprego num setor industrial estratégico.

CAPÍTULO 2
O mercado imobiliário na economia

O mercado imobiliário representa um papel da maior relevância na economia de qualquer país.

Sob o ponto de vista social, como provedor da moradia e como grande gerador de empregos movimenta permanentemente a economia e pode ser considerado um dos mercados mais estáveis mesmo em situações conjunturais adversas.

A grande questão é até que ponto o mercado imobiliário pode exercer sua função social sem a devida competência dos órgãos governamentais que regulam o uso do solo urbano.

Por qual razão, o chamado mercado imobiliário brasileiro está focado na oferta de produtos para classes média e alta?

Se imaginarmos que o desenvolvimento urbano deveria ser precedido por um planejamento eficaz das necessidades do cotidiano, o mercado imobiliário não ficaria concentrado em produzir unidades para um público classificado com base na classe média. Não seria mais inteligente projetar desenvolvimento urbano onde o emprego, o empregador e o empregado pudessem viver proximamente criando um tipo de autossuficiência integrada capaz de oferecer mais qualidade de vida?

Há 20 anos visitei Coral Springs, uma cidade nova e planejada na Flórida. Chamou-me a atenção uma publicidade que dizia *aqui temos moradias de 30.000 dólares a 5 milhões de dólares*. Este é um modelo de integração em que se planeja morar oferecendo a oportunidade para que todas as classes sociais e de serviços estejam próximas. Coral Springs também se preocupou com a vida comunitária nos aspectos educacionais, de saúde, culturais e esportivos. Apesar de ser ainda uma cidade jovem, tem sido destaque pela qualidade de vida e classificada como segunda melhor cidade para se viver na Flórida.

O grande diferencial, é que seu planejamento e sua implantação foram executados por uma das mais categorizadas empresas *privadas* do mercado imobiliário americano, a Coral Ridges, empresa que detém em seu portfólio o planejamento da cidade de Fort Lauderdale.

O planejamento urbanístico no Brasil, executado pelo Poder Público e feito sem critério, conduz as cidades a criarem situações em que o emprego se afasta do empregado, a infraestrutura de serviços e principalmente a de transportes arrebenta com a produtividade do país por causa das horas perdidas e irrecuperáveis ao longo da vida.

Planejar cidades não deveria ser de competência do Estado e de políticos.

Conselhos privados formados por grupos de trabalho com profissionais competentes em diversas áreas, principalmente urbanistas, arquitetos projetistas, sociólogos, membros de sindicatos da construção civil e da indústria imobiliária, deveriam ser os responsáveis pelo planejamento urbano.

Até o ano de 2020, estima-se que o Brasil será 90% urbano. Já passou da hora de se pensar em soluções paliativas e que não continuem agredindo as regiões demograficamente tão congestionadas.

É momento de se pensar em cidades satélites bem planejadas, acabar com as concessões de transporte público de caráter eleitoreiro e pensar em soluções que proporcionem conforto, rapidez e segurança para que a população seja recompensada em qualidade de vida e maior produtividade.

Qualidade de vida é o aspecto menos importante para o Poder Público quando não sabe estabelecer concessões de transporte público, quando não se preocupa com saneamento básico e quando não atende sequer os direitos obrigatórios de segurança, educação e saúde.

Outra questão que precisa ser analisada é que o mercado imobiliário depende do financiamento tanto para o período de construção como também para financiar seus compradores.

Esse financiamento com características especiais, por ser a longo prazo, está atrelado ao sistema financeiro, que busca recursos nas cadernetas de poupança, no FGTS, nos fundos imobiliários, letras hipotecárias etc.

No início dos anos 1990, quando o mercado imobiliário teve de assumir seus próprios riscos, como tomador e financiador de recursos, muitas empresas sucumbiram, com o surgimento do Plano Real e o descasamento de índices entre TR e IGP-DI gerou um verdadeiro buraco negro.

Isso prova que o mercado imobiliário é extremamente sensível a fatores conjunturais exigindo de seus administradores uma atenção constante no mundo externo ao seu negócio.

A cidade do Rio de Janeiro – que tem o privilégio de uma fantástica zona de expansão que compreende as baixadas de Jacarepaguá e de Guaratiba – poderia ter planejado uma cidade organizada com a essência cultural carioca, transporte de massa tipo metrô, transporte lacustre, habitações para todas as faixas de renda e serviços. Enfim, uma cidade nova que comportasse seu crescimento com muita qualidade de vida. O que vemos é um caos total, no qual os moradores que trabalham no centro da cidade permanecem de 5 a 6 horas no trânsito diário com absoluto desperdício de combustível e de tempo improdutivo e irrecuperável.

Alguns governantes brasileiros mais lúcidos tentaram, ao longo dos anos, criar as chamadas zonas especiais de interesse social, com a perspectiva de aproximar empregados do mercado de trabalho e desafogar horas desperdiçadas em transportes. Ocorre que não existe continuidade administrativa entre governos e os planos urbanísticos vão se deteriorando. Cada novo governo eleito não dá continuidade a planos anteriores.

No Rio e em São Paulo, onde a demanda de moradias de baixa renda contabiliza um déficit de mais de um milhão e meio de habitações, devemos observar que a falta de terrenos disponíveis em bairros com um mínimo de infraestrutura aceitável para moradia faz com que as populações se favelizem cada vez mais.

Para um empreendedor privado participar da construção de moradias de interesse social, preservando alguma margem de lucro, precisaria de terrenos com dimensões capazes de oferecer economia de escala. Estes já não são encontrados nas periferias tornando inviável sua participação nesse mercado.

Usando como exemplo o Programa *Minha Casa, Minha Vida*, verificamos que não atendeu às principais demandas concentradas na Grande São Paulo e no Grande Rio. A razão principal foi a dificuldade de formar terrenos nas periferias que possibilitassem uma economia de escala de construção viável para que a indústria imobiliária pudesse atuar de forma responsável e profissional.

Teria sido bastante eficaz se fossem desenvolvidas cidades satélites com toda a infraestrutura necessária e transporte de massa capaz de absorver populações em módulos de até 300.000 habitantes.

Espaços para expansão urbana de ótima qualidade existem tanto em São Paulo quanto no Rio de Janeiro. As soluções parecem não interessar ao poder público com governantes muitas vezes eleitos por patrocinadores proprietários de empresas de ônibus, empresas de coleta de lixo e por outros serviços públicos explorados por concessionárias privadas que só enxergam suas próprias vantagens econômicas.

Em São Paulo, encontramos alguns exemplos de comunidades planejadas como Alphaville e Tamboré que tiveram muito êxito principalmente por se situarem em municípios vizinhos, que oferecem benefícios fiscais atraentes. Da mesma forma, o transporte de massa, que poderia ser viabilizado sobre trilhos, não aconteceu e os acessos se tornam cada vez mais críticos.

O mercado imobiliário poderia contribuir muito para a produtividade e qualidade de vida das grandes cidades se pudesse participar do planejamento técnico do desenvolvimento urbanístico.

CAPÍTULO 3

Demanda é necessidade

O imóvel residencial é o bem material mais desejado pela maioria das pessoas.

Entretanto, é o bem de maior dificuldade de compra e ainda para a maioria das pessoas o ato da compra só ocorre uma vez em toda a sua existência.

Encontrar o equilíbrio entre o desejado pelo consumidor e o desenho de uma oferta adequada considerando-se as diversas variáveis envolvidas, constitui a verdadeira arte da incorporação imobiliária.

Com essas premissas, o planejador imobiliário precisa diferenciar o desejo manifestado da efetiva capacidade de compra e estar permanentemente sintonizado com seu potencial comprador absorvendo informações eficientes e sintonizado com seus interesses.

Num momento em que estamos observando um sensível aumento das rescisões contratuais por força principalmente da falta de cumprimento das condições financeiras exigidas pelos bancos por ocasião do habite-se, é importante analisar a qualidade da venda realizada e se as condições propostas foram devidamente transmitidas e entendidas pelo comprador.

A percepção de valores reais que sensibilizem a família e permitam uma qualidade de vida melhor compatível com uma plena adequação de valores é o principal desafio do incorporador que pretenda estar ajustado com o mercado.

O público-alvo potencialmente mais desejado pelo mercado é aquele que, tendo atingido sua maturidade profissional, pode projetar uma estabilidade de renda que lhe permita dar vazão ao desejo e para o qual os chamados agregados necessários e os supérfluos exercem grande fascínio.

Este público-alvo é extremamente receptivo aos apelos de produto diferenciado e tem acatado a proposta de qualidade de vida em bairros mais modernos, embora, muitas vezes, até bem afastados dos locais de trabalho e carentes de infraestrutura.

Os planos urbanísticos brasileiros nunca contemplam zoneamentos de expansão que se transformem em comunidades com autossuficiência de emprego, serviços, transportes públicos e todas as facilidades básicas para melhor fixação de seus habitantes.

Muitos diferenciais chamados de *pontos de venda* são extremamente atraentes para promover uma venda com emoção e, na realidade, em sua maioria sugerem aumento de status social, tornando-se, no entanto, pouco utilizáveis na vida cotidiana gerando custos de manutenção inaceitáveis.

A mão de obra de serviços domésticos no Brasil está cada vez mais escassa e onerosa, comparável inclusive aos custos de países desenvolvidos.

Em um futuro próximo, certamente o mercado de empresas especializadas em faxina residencial e comercial, com equipamentos e materiais capazes de gerar serviços rápidos e com tabelas horárias, será expandido e passará a integrar uma nova geração de prestadores de serviços.

O distanciamento entre os valores dos imóveis e a renda dos jovens que ora ingressam no mercado de trabalho nos conduzem a uma grande preocupação com o futuro do mercado imobiliário. Será importante que os planos urbanísticos sejam revistos, possibilitando adensamento em zonas dotadas de infraestrutura ou outras providências que diminuam o impacto do valor do terreno no preço final das unidades.

CAPÍTULO 4

Ciclos de demanda

Ao longo dos últimos anos, muito se falou sobre *bolhas imobiliárias*.

Sempre foi muito conveniente ao mercado financeiro desviar investimentos para seus ativos e sempre que possível alfinetam o mercado imobiliário.

A crise imobiliária americana em muito ajudou estes analistas na crítica ao mercado brasileiro.

Isso não é novidade e há 40 anos se ouve o mesmo tipo de profecia.

Qualquer relato histórico sobre segurança patrimonial no Brasil nos remete ao imóvel como o único bem que atravessou planos econômicos e crises internacionais.

Essa constatação histórica faz com que o investidor imobiliário brasileiro seja extremamente fiel. Dificilmente esta fidelidade será quebrada nas próximas duas ou três gerações.

Outro fator que justifica a segurança do imóvel é a própria latinidade de origem do brasileiro que faz com que o imóvel seja considerado o único bem que pode se corrigir com o tempo.

Como consequência a oferta não se abala com a falta de procura.

O mercado sempre foi marcado por fases denominadas ciclos de demanda.

Esses intervalos de oferta de produtos geralmente levam a um ponto de saturação difícil de ser mensurado e sempre constituem um grande desafio para o incorporador.

As cidades do Rio de Janeiro e São Paulo vêm demonstrando fases muito bem definidas destes ciclos que contemplam as carências do mercado em seus diversos segmentos.

Rio e São Paulo reúnem uma coleção de exemplos de ciclos de demanda e relatamos alguns deles como referências.

Um dos ciclos de demanda mais marcantes que o mercado de São Paulo vivenciou foi a chamada era dos Flats ou Residenciais com

Serviços que se iniciou na década de 1970 e se intensificou nos anos 1980 e 1990 com a realização de centenas de empreendimentos.

Em sua concepção inicial os flats pretendiam atender a um tipo de morador que quisesse desfrutar de todas as facilidades de serviços. Em geral, tinha como público-alvo pessoas descasadas, idosos e executivos com moradia transitória.

Para criar um ar de hotelaria, os flats adotaram restaurantes já tradicionais na cidade, serviços de café da manhã, lavanderia, arrumação de quartos, central de manutenção, segurança, serviços de *valet* para veículos e mensageiros para serviços gerais, e todo tipo de mordomias imagináveis. Porém, não só havia pouca experiência na administração desse tipo de produto como também não se previu que o custeio dessas facilidades poderia onerar em demasia a vida do morador.

Na fase inicial, os flats estavam localizados em bairros nobres, com apartamentos com área privativa média de 40 a 50 m². Na maioria das vezes, ocupavam terrenos pequenos com poucas unidades e um rateio de custos muito altos para um denominador baixo, resultando em alto custo condominial.

O custo condominial elevado dificultava não só a vida do morador como também baixava o rendimento dos proprietários, que optavam pelo *pool* de locação.

Surgiu então uma nova geração de produto com *pool* obrigatório sem opção de moradia e apartamentos com padrão de quarto hoteleiro (entre 20 e 30 m²) administrados na maioria das vezes por operadores com tradição no mercado de hotelaria nacional e internacional.

A cidade de São Paulo foi a grande beneficiária dessa relação criada entre o mercado imobiliário e o setor de hotelaria, cujo saldo positivo resultou em mais de 25.000 quartos de hotel.

Isso favoreceu em muito o turismo, principalmente o de negócios.

A cidade do Rio de Janeiro prejudicou-se pela falta de uma legislação específica que incentivasse esta parceria com o mercado imobiliário. Somente com a programação dos grandes eventos turísticos como Copa do Mundo em 2014 e Olimpíadas em 2016 é que se preocupou em criar legislação e incentivos à construção de hotéis, quando as diárias hoteleiras da cidade já estavam entre as mais caras do mundo.

Outro ciclo muito marcante ocorrido entre o final dos anos 1980 e 1990 foi o da oferta de apartamentos de três dormitórios com área privativa de 100 m² e duas vagas de garagem para compradores típicos de classe média.

Nos anos 1970, na era do BNH, houve um grande *boom* de apartamentos de três dormitórios com média de 120 a 140 m² de área privativa geralmente com uma vaga de garagem, que se transformaram no típico apartamento da classe média.

Com a elevação do valor dos terrenos, surgiu a compactação e, por consequência, os edifícios desta nova geração de 100 m². Ao ficarem prontos, começou a surgir uma grande rejeição pelo produto porque as pessoas o achavam muito compacto e até mesmo *claustrofóbico*.

Na ocasião, eu coordenava a aquisição de um terreno no bairro de Perdizes para a Gafisa que deveria estar vocacionado para o mesmo tipo de produto.

Baseando-se em entrevista com alguns dos tais compradores decepcionados com seus imóveis depois de prontos, procurei um grande amigo, o arquiteto Alcindo Dell'Agnese e propus um desafio de mudar aquela planta quase padrão que todos vinham lançando. Após muito debatermos, foi gerada uma planta que alterava a largura de boca de sala de três metros para 3,60 metros, criava-se um lavabo, eliminava-se o quarto de empregada desnecessário, mantendo um banheiro para diarista e algumas pequenas alterações menos importantes mas com os mesmos 100 m² de área privativa. Levamos o projeto ao incorporador, que aceitou bem a proposta e o empreendimento denominado *Jardim das Perdizes* na Rua Itapicuru, foi lançado e vendido em 72 horas, quando muitos outros no mesmo bairro e até com melhor localização e preço mais baixo já vinham com dificuldades de venda.

Jardim das Perdizes

Condomínio Atmosfera Vila Olímpia

O ciclo de demanda mais longo já verificado no mercado tem sido o dos edifícios comerciais, que promoveram a aproximação dos serviços antes concentrados nos centros de cidade e nos bairros mais adensados para bairros residenciais próximos de seus consumidores.

O ciclo se intensificou com a liberação de financiamentos para imóveis comerciais no início dos anos 1990. Talvez esse seja o mais longo período de demanda da história imobiliária tanto em São Paulo, quanto, em menor escala, mas também constante, no Rio de Janeiro.

No bairro da Vila Olímpia, em São Paulo, depois da extensão e abertura da nova avenida Faria Lima nos anos 1990, ocorreu um ciclo de construção de edifícios comerciais modernos e adequados a uma nova conceituação de uso corporativo.

Em 2002, como coordenador/intermediador da compra de um terreno com características de localização excepcionais no bairro e considerando a escassez de alternativas de moradia próximas aos locais de trabalho, vocacionei o terreno para residencial, embora gerasse muita polêmica com empresas de venda que assessoravam o incorporador.

Essa polêmica gerou discussões e prevaleceu o conceito do residencial com maior arrecadação e que se tornou um dos maiores sucessos comerciais da cidade de São Paulo na primeira década de 2000, sendo copiado por vários outros incorporadores.

A partir de 2012 com a absurda valorização do mercado provocada pela especulação de custos de terreno, começou a surgir uma nova onda chamada por muitos de produto *coringa*. Esta nova geração de produto tenta, por meio de plantas compactas, amenizar o preço final dos apartamentos. Este novo ciclo está sendo muito ofertado nos mercados do Rio e de São Paulo, numa tentativa de manter vendas ativas sob o pretexto de espremer até *a última gota* de liquidez do mercado.

Em realidade ainda existe uma grande defasagem entre capacidade aquisitiva e preços por metro quadrado. Não será por meio dessa verdadeira compactação de produto que o mercado irá se estabilizar.

Novas gerações de compradores surgem diariamente com aspirações diversas. O grande desafio para novos ciclos de demanda terá foco no aumento da densidade de uso definido por planos urbanísticos mais inteligentes, seletividade na avaliação de financiamentos para novos projetos que resulte em preços adequados e não referências exageradas por avaliações comparativas, na redução de custos condominiais e na racionalização dos custos de construção com métodos e materiais mais compatíveis com a realidade do mercado.

CAPÍTULO 5

Transportes e o custo do desperdício

Quando ingressei no Grupo Light/Brascan, no ano de 1973, tive a oportunidade de conhecer um pouco da história da Brazil Tramway, Light and Power Co Ltd, empresa canadense com sede em Toronto autorizada a operar no Brasil desde 1905.

Depois de 1912, passou a se chamar Brazilian Traction Light and Power Company, porque abrangia os serviços de distribuição de energia elétrica, transporte urbano com os bondes elétricos, gás e telefonia nas cidades do Rio de Janeiro e São Paulo.

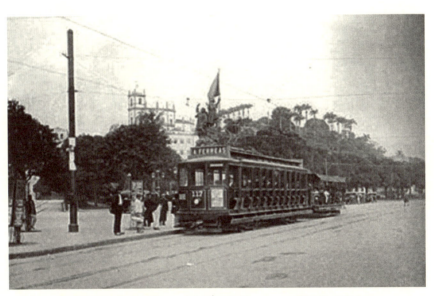

O bonde com reboque 117 Águas Férreas, na Glória, 1915
Fonte: Arquivo pessoal.

Ao invés do que acontece nos dias atuais, o transporte e a infraestrutura urbana chegavam aos bairros antes mesmo da população e, por consequência, da ocupação imobiliária.

Havia a necessidade de um marketing voltado para o convencimento da população das virtudes de se morar em bairros como Copacabana, Ipanema, Leblon e Gávea no Rio de Janeiro, assim como Vila Mariana, Santo Amaro e Vila Prudente em São Paulo.

Nos primórdios dos bondes, grandes poetas como Olavo Bilac eram contratados como verdadeiros redatores de publicidade para reproduzir em prosa e verso sobre as virtudes das novas opções de moradia. Igualmente nas décadas de 1970 e 1980 vendia-se um novo conceito de moradia como o da Barra da Tijuca, no Rio, e do Morumbi e Alphaville, em São Paulo.

A grande diferença entre esse passado planejado e as grandes aberrações urbanas atuais se concentra principalmente na infraestrutura de transportes.

O desperdício causado pelos congestionamentos no trânsito das cidades do Rio de Janeiro e de São Paulo, segundo estudo realizado pela FIRJAN (Federação das Indústrias do Rio de Janeiro) no ano de 2013, teve um valor estimado de R$ 94,8 bilhões.

Duas variáveis foram consideradas: a queda na produção da indústria, comércio e serviços, e o desperdício de combustível.

Em uma via com velocidade média de 40 km/h, se o tráfego circula a 20 km/h, o aumento de consumo de combustível é de 40%.

O desperdício causado pelo tráfego lento, apurado para o ano de 2013, representa 2% do PIB brasileiro ou o equivalente ao PIB de 17 Estados.

Muitas soluções amenizadoras poderiam advir da atividade imobiliária desde que esta fosse convocada a participar da definição das políticas públicas de urbanismo.

Em São Paulo, por exemplo, verificamos um crescimento na oferta de serviços em cidades circunvizinhas a bairros como Alphaville e Tamboré, que, em grande parte, se deve aos benefícios de impostos municipais como ISS (Imposto sobre Serviços) e IPTU (Imposto Predial e Territorial Urbano).

Milhares de trabalhadores se deslocam entre municípios, congestionando acessos e rodovias quando este mesmo benefício poderia estar em diversos bairros da malha municipal por meio de legislação de incentivo fiscal que aproximasse a população do seu local de trabalho, evitando grandes deslocamentos.

São Paulo é uma cidade que deveria ser vista como uma congregação de mais de 20 cidades diferentes com hábitos e culturas diferentes. Deveria se chamar *Cidades Unidas de São Paulo.*

Uma análise urbanística peculiar a cada região, avaliando a mobilidade urbana de cada um de seus bairros poderia evitar grande parte dos deslocamentos diários da população.

Muito poderia ser evitado com uma ação mais efetiva das Associações de Classe e com maior esclarecimento à população sobre os malefícios de todas as obras desastrosas executadas em detrimento das que deveriam ser priorizadas.

Na região da Barra da Tijuca, no Rio de Janeiro, verificamos a influência de um plano urbanístico desastroso a despeito de ter sido desenhado por Lúcio Costa.

Um plano que desrespeitou as tradições culturais da cidade, formada pelas famosas esquinas, desenvolveu uma aberração com uma avenida de alta velocidade cruzando o miolo do bairro e abertura de vias secundárias às margens das lagoas, que, pouco a pouco, foram sendo bloqueadas e interrompidas pelos condomínios adjacentes.

Em conjunto com essas anormalidades, não desenvolveu transporte de massa adequado como metrô e nem tampouco se utilizou do transporte lacustre num bairro totalmente integrado por lagoas.

É mais fácil ceder aos concessionários de transporte sobre pneus que impõem o jogo de acordo com suas conveniências.

O tempo perdido em trânsito congestionado ao longo da vida é absolutamente irrecuperável.

CAPÍTULO 6

Terreno – a matéria-prima essencial

A essência do negócio imobiliário é o terreno.

O mercado imobiliário é regido pelo custo de reposição formado em parte por variáveis que podem ser controladas por índices econômicos e setoriais mais o componente terreno com variações aleatórias geradas fundamentalmente pela vontade do vendedor e pela influência da expansão e disponibilidade do crédito.

Terreno é uma matéria-prima não renovável, sem parâmetros de avaliação por regra matemática e sujeito ao desejo e estado de espírito de cada proprietário.

A arte de negociar a compra de terrenos está fundamentada na persistência e na conquista gradual de uma confiança recíproca entre o negociador e o vendedor.

Existem ocasiões em que o negociador precisa participar da vida cotidiana do vendedor para observar prós e contras que o fizeram vender uma propriedade e ajudá-lo de forma bastante neutra na ponderação de fatores sem que haja qualquer deslize na relação de confiança.

Em muitas ocasiões, o negociador se envolve até nas decisões empresariais de proprietários de certos imóveis tornando-se um consultor que precisa agir de forma muito imparcial, muitas vezes até em sacrifício de sua própria meta.

O Incorporador Imobiliário está permanentemente focado na busca de oportunidades e sintonizado com o mercado. Precisa desenvolver uma sensibilidade apurada para pisar num terreno e ser capaz de idealizar um produto e projetar a vida de um futuro morador.

Terrenos não batem à porta do seu gabinete de trabalho.

A formação de terrenos incorporáveis é complexa, na medida em que analisa uma ampla variedade de fatores com premissa e foco fundamental no produto, tais como: adequação às leis urbanas e ambientais, rigorosa e ampla análise jurídica, estudo de aproveitamento arquitetônico, acessos e facilidades de infraestrutura são alguns dos exemplos determinantes de análise.

Outros aspectos da vida moderna como a necessidade de mais garagens, edificações com maior área edificável e consequente maior número de unidades, visando a uma economia de escala na construção e menor rateio de custo condominial são exemplos que resultam na necessidade de formação de áreas maiores e que, na maioria das vezes, exigem a anexação de vários terrenos.

A prospecção de negócios criou uma espécie de profissionais altamente qualificados para o garimpo de oportunidades.

Esses profissionais, erroneamente chamados de *corretores de terrenos*, são indivíduos independentes que caminham pelas ruas com uma determinada intuição. Gastando a sola do sapato, são sensíveis às necessidades do mercado, são, além de grandes negociadores, criativos e, permanentemente, sintonizados com a busca de oportunidades.

Seria mais adequado chamá-los de *prospectadores* ou como costumamos dizer no jargão imobiliário: *perdigueiros*.

Faço citação à perspicácia destes profissionais a um caso ocorrido na cidade do Rio de Janeiro no final da década de 1960, quando um dos mais competentes perdigueiros do mercado estava presente numa complexa negociação como observador silencioso. Em determinado momento, a negociação entrou em um profundo impasse entre os advogados das partes, que não concordavam em uma determinada cláusula contratual.

Já eram altas horas da noite e o desgaste e o cansaço tomavam conta dos negociadores, quando subitamente o intermediador entrou em campo e disse: *Data vênia, os colegas advogados hão de considerar que a cláusula em discussão é exorbitsout*. Houve um momento de profundo silêncio e uma concordância conjunta com a observação do colega presente. Minutos depois, a negociação estava concluída. Quando se retiraram do local entre agradecimentos efusivos ao intermediador por sua brilhante intervenção, o incorporador/comprador perguntou-lhe o que era o tal do *exorbitsout* e ele esclareceu sabiamente: *Quem exorbita*, tá fora.

Geralmente, para atingir este grau de percepção e presença de espírito, esses profissionais estudam muito as relações humanas, tornando-se especialistas na arte da criatividade e, na grande maioria das vezes, são autodidatas.

Classifico essa categoria de profissionais com os quais tive grande convívio como engrenagens fundamentais do mercado imobiliário. Mais uma vez, reporto ao exemplo do meu irmão Ivo que priorizava o atendimento, o respeito, a remuneração justa e sempre afirmou que estes eram requisitos fundamentais para o sucesso dos negócios.

A conquista de um bom terreno é a alma do negócio imobiliário.

CAPÍTULO 7
Intervenção e renovação urbana

Intervenção e renovação urbana significa dar novo destino urbanístico ao que foi urbanizado ou edificado, aproveitando o potencial da localização e da infraestrutura existentes em consonância com a efetiva melhoria da qualidade de vida do cidadão e da mobilidade urbana.

Um processo de renovação urbana só existe de fato quando instrumentos regulatórios permitem plena capacidade de intervenção em toda a área que se pretende renovar para desapropriar tanto áreas públicas como privadas em benefício de toda a coletividade.

O Brasil é um campeão de tentativas frustradas de ações intervencionistas na malha urbana e continuará sendo enquanto não criar legislação específica sobre desapropriações de interesse comunitário apoiadas em planejamento desenvolvido em parcerias público-privadas.

Quando falamos em intervenção em toda a área a ser renovada, significa poder efetivamente prever que todos os terrenos contidos naquela região não estarão expostos à lei da oferta e procura, porque, uma vez que o Poder Público assume sozinho seu papel de interventor urbanístico, a especulação imobiliária é normal.

O correto é ter como ponto de partida um Plano Diretor que defina a nova urbanização a ser feita, dotação e modernização de infraestrutura, tipo de aproveitamento dos terrenos, valor atribuído aos terrenos em suas diversas tipologias de produto e uma licitação preliminar que viabilize recursos para execução deste plano.

A execução do planejamento só é possível por meio de parcerias público-privadas, com extrema competência na pesquisa, e na formação de equipes multidisciplinares, compostas por urbanistas, sociólogos, arquitetos, engenheiros e especialistas do mercado imobiliário.

Dentre as tentativas frustradas e os maus exemplos de intervenção política e exclusivamente pública na tentativa de renovação urbana, citamos:

1. O centro de São Paulo, dotado de edifícios tradicionais e de toda a infraestrutura urbana já tentou em várias administrações renovar regiões degradadas. Em certa ocasião, a COHAB encomendou pesquisa para avaliar o preço médio do metro quadrado de terreno na região do Brás, com a finalidade de promover um amplo desenvolvimento de projetos de interesse social.
Contratou uma empresa privada altamente qualificada que promoveu ampla pesquisa e, com base nos resultados tabulados, a COHAB iniciou as ofertas em busca de opções de compra, provocando um movimento especulativo entre proprietários de terrenos sabedores de tal interesse. E em menos de três meses, fez com que os preços aumentassem 2,5 vezes o valor das avaliações.

2. A Cracolândia é outro exemplo de zona degradada onde o poder público sem instrumental não pode intervir. Seria bastante razoável pensar que com uma desapropriação organizada o governo poderia arrecadar fundos até para construir fora de São Paulo, uma cidade de recuperação de dependentes químicos com todo o tipo de apoio. Para quem não conhece bem o centro de São Paulo, a Cracolândia fica ao lado da Estação da Luz, um dos mais belos e importantes monumentos arquitetônicos e culturais da cidade.

3. Os bairros do Bixiga, Liberdade, Bela Vista e Brás, símbolos de uma cidade pujante, poderiam ser reformados com a preservação de monumentos centenários.

4. O Rio de Janeiro se prepara para viver mais uma experiência desastrosa nesta tentativa de renovação urbana sem instrumentos adequados. Alguns empreendedores tomaram a iniciativa de comprar terrenos na Zona Portuária em vista de um projeto urbanístico de caráter estético promovido pela Prefeitura. A pergunta que se faz novamente é a de quem foi esperto de comprar barato, pois com base em meia dúzia de empreendimentos o bairro entra no

processo especulativo e ficarão alguns edifícios ilhados no meio de uma região que ao invés de ser renovada será *redegradada*. Para quem tem dúvida, veja o exemplo da Cidade Nova, onde está situada a Prefeitura do Rio de Janeiro.

5. Pouco se noticia, por exemplo, que a Fundação Burle Marx, que preserva o Aterro do Flamengo – o maior cartão postal de entrada da cidade –, está sem verba para manter as adubações e replantios por absoluta displicência do poder público. Há alguns anos foi promovido um concurso arquitetônico para a integração do Aeroporto Santos Dumont com o Museu de Arte Moderna e a Marina da Glória, composto por edifícios empresariais, hotéis etc. cujo desenvolvimento nunca saiu do papel. O jardim frontal ao Aeroporto Santos Dumont, também de autoria de Burle Marx, encontra-se totalmente abandonado e degradado.

6. Na Barra da Tijuca, principal vetor de crescimento da cidade do Rio de Janeiro, um grande investidor e proprietário de vastas áreas doou ao Poder Público uma faixa de terreno destinada a se tornar um eixo monumental. A faixa compreendia a avenida Alvorada, hoje Ayrton Senna, e o uso destinado e obrigatório de uma das esquinas da imensa rotatória para a criação de um bosque adequando-se ao plano do urbanista Lúcio Costa. Esse eixo monumental formava uma imensa rotatória no cruzamento com a avenida das Américas, onde se imaginava uma conexão entre o metrô proveniente da zona sul da cidade com o metrô que tomaria o caminho do centro por meio da atual Linha Amarela. Esse plano poderia ter sido, e com todas as condições para tal, a grande solução de transporte de massa para a região, inclusive com metrô de superfície. Surpreendentemente, um político, por pura vaidade, constrói um monumento ao caos urbano chamado Palácio das Artes. O tal palácio, cujo custo estimado é de 500 milhões de reais, causa hoje um atraso no tráfego da região, que gera desperdício de tempo e de combustível. Se a municipalidade tivesse o mínimo de preocupação com a qualidade de vida de seu cidadão, promoveria a implosão desse *elefante branco*. Ao liberar o tráfego e reformular urbanisticamente a região, essa medida traria

grande economia de combustível desperdiçado e de tempo improdutivo para os que circulam na região.

Não sou de forma alguma contrário ao espaço cultural, mas não havia necessidade de estar localizado num local de puro exibicionismo político em prejuízo de toda a população da região, onde o tráfego não pode fluir, causando engarrafamentos constantes em qualquer horário.

Um processo organizado de desapropriação por intermédio de lei que previsse a renovação urbana poderia, por exemplo, viabilizar a construção de habitações de interesse social com custos de terreno compatíveis através de programas como *Minha Casa, Minha Vida* ou de *Cooperativas Habitacionais* com a economia de escala necessária para a realização deste tipo de empreendimento.

Com a exiguidade de terrenos na periferia de cidades como Rio e São Paulo e como a construção de habitações de interesse social requer um volume de construção que permita a economia de escala, essas cidades, que são as maiores do país e que mais necessitam desse tipo de habitação, tornam-se as mais desfavorecidas.

Sou totalmente favorável à Renovação Urbana, desde que feita com planejamento e com legislação adequada e sempre considerando que renovação não é *cosmética urbana*, como tem sido interpretada muitas vezes pelo Poder Público.

Outro tipo de renovação que poderia estar contida na Lei 4.591 das Incorporações diz respeito ao próprio *retrofit* dos edifícios. Na maioria das vezes, pelo envelhecimento dos condôminos, existe uma acomodação que não aprova mudanças essenciais no corpo das edificações. Fachadas, instalações elétricas e hidráulicas e elevadores são alguns dos itens que mereceriam uma revisão pelo menos a cada 20 anos, e que ficam sujeitos a assembleias condominiais cujos interesses da maioria sempre votam a favor do mais econômico. Os edifícios literalmente apodrecem e se tornam inabitáveis.

Em muitos países, esta renovação está contida em leis que obrigam as reformas, estabelecendo orçamentos baseados no próprio valor venal dos imóveis.

CAPÍTULO 8

Cases exemplares de mercado

O pioneirismo nos empreendimentos realizados com plena adequação ao mercado ou outros com dimensão arrojada, em bairros do Rio de Janeiro e de São Paulo, tem sido um traço de ousadia de pouquíssimos incorporadores idealistas e criativos.

Relatamos adiante alguns exemplos em que a tônica de qualidade e adequação os destacam como *cases exemplares do mercado*.

Essas referências não eximem outras dezenas de incorporadores competentes e cases tão importantes quanto os adiante citados.

No Rio de Janeiro

CASE 1 – No final dos anos 1960, a Veplan Imobiliária, que naquela época era a maior empresa imobiliária do País, lançava na avenida Delfim Moreira, numa região privilegiada da praia do Leblon, um terreno com 7.000 m². Ocupando a maior parte de uma quadra com frentes para a avenida Bartolomeu Mitre e para a rua General Urquiza, era um dos mais arrojados empreendimentos da história imobiliária da cidade.

Foto do folheto do lançamento
Fonte: Arquivo pessoal.

Composto por três torres com quinze pavimentos, o empreendimento denominado Chácara 92 trazia uma filosofia nova amparada na Lei das Incorporações para os padrões de empreendimentos de luxo com venda de quota de terreno em trinta meses a preço fixo e a obra em regime de empreitada com pagamento em 34 meses, garantindo aos compradores um custo total certificado pelo incorporador.

CASE 2 – No início dos anos 1970, a Barra da Tijuca era vista com muito temor pelos empreendedores tradicionais.

Meu irmão Ivo, jogando uma partida de sinuca no Clube Monte Líbano do Rio de Janeiro com Habib Gebara, um dos diretores da Plarcon Engenharia, soube da intenção da ESTA (Empresa Saneadora, Territorial e Agrícola) de realizar uma parceria para urbanização de um de seus mais importantes terrenos no eixo principal do bairro na avenida das Américas esquina da avenida Alvorada, hoje Ayrton Senna.

A parceria proposta para a Plarcon Engenharia, numa época em que o mercado da região era absolutamente embrionário, provocava um receio natural em qualquer empresa que ousasse tomar uma iniciativa.

Com seu espírito dinâmico e empreendedor, embora com grande preocupação de seus sócios, Ivo resolveu propor uma parceria na qual a Plarcon Engenharia desenvolvia a infraestrutura urbanística e a Gomes de Almeida, Fernandes assumia a liderança do processo de incorporação e construção dos edifícios.

Com um projeto composto por oito edifícios residenciais com 640 apartamentos e 140 lotes de terreno para a construção de casas, integrando uma área para escolas pública e particular, comércio e todos os cuidados ambientais, o projeto de Nova Ipanema foi o precursor da ocupação organizada da Barra da Tijuca do que se pode classificar como Condomínio Integrado com autossuficiência.

À época, trazer o mercado residencial da zona sul da cidade para a zona oeste era uma missão muito difícil. Para tal, foi contratada a Veplan como responsável pelo marketing do lançamento por intermédio de seu diretor, José Isaac Peres.

A estratégia de vendas do lançamento foi absolutamente inédita para os padrões brasileiros. A Gomes de Almeida Fernandes aproveitou o lançamento para introduzir a Lopes no Rio, com uma equipe especialmente treinada.

Foi montada uma torre metálica equivalente a um terceiro pavimento dos futuros edifícios, de onde se vislumbrava a magnífica vista da lagoa de Marapendi e sua vegetação em primeiro plano e a praia em toda a sua extensão de quase dezessete quilômetros. Ao descerem, os potenciais visitantes estavam encantados com o que acabavam de apreciar e se transformavam em ansiosos compradores, fazendo com que o empreendimento fosse um dos maiores sucessos de venda na história imobiliária da cidade.

Condomínio Nova Ipanema

CASE 3 – Dois anos após, foi lançado o empreendimento Novo Leblon com igual sucesso.

Condomínio Novo Leblon

Nova Ipanema e Novo Leblon, anos 1980
Fonte: Arquivo pessoal.

CASE 4 – No ano de 1975, inaugurava-se o Hotel Intercontinental no bairro de São Conrado, resultante de uma parceria entre o Grupo BRASCAN e a IHC (Intercontinental Hotels Corporation), empresa do grupo da Pan American Airways.

O Grupo BRASCAN era proprietário de um terreno vizinho ao hotel com grande potencial imobiliário.

Como coordenador da área imobiliária, procurei a Gomes de Almeida Fernandes como potencial parceira e o Carlos Moacyr Gomes de Almeida (porque nesta época meu irmão Ivo estava transferindo-se para São Paulo), não apenas comprou a ideia como arregaçou as mangas. Juntos, trabalhamos em um projeto inovador na região com cinco edifícios compostos por 360 apartamentos tipo lâmina, com ampla vista para o mar e vizinho ao tradicional Gávea Golf Club.

O terreno de propriedade do Grupo Brascan compreendia também uma área vizinha com potencial para realização de um Centro Comercial. Como na época ainda não dispúnhamos de estrutura para esse tipo de empreendimento, procuramos então um grupo especializado que iniciava suas atividades em shopping. Por nossa indicação, aceitou desenvolver um anteprojeto da arquiteta Maria Alice de Marsillac que veio a se transformar no São Conrado Fashion Mall, um dos mais sofisticados e bem frequentados da cidade.

O empreendimento residencial denominado São Conrado Green foi um dos grandes sucessos da história imobiliária do Rio de Janeiro proporcionando a credibilidade para fundação anos depois da Brascan Imobiliária.

Condomínio São Conrado Green

CASE 5 – A geração de edificações de altíssima qualidade realizadas ao longo de anos pela Real Engenharia em terrenos nobres da zona sul da cidade foi de grande relevância e importância para a cidade. Estas se mantêm altamente valorizadas até os dias de hoje.

CASE 6 – Pinto de Almeida Engenharia, empresa com equipe extremamente competente e talentosa, teve como foco principal o desenvolvimento imobiliário da cidade de Niterói.

CASE 7 – No final dos anos 1970, coordenei pela Brascan Imobiliária a compra de 62 direitos entre propriedades e contratos de locação, simultaneamente, para formar um terreno de 2.000 m² em Ipanema, visando ao desenvolvimento de um futuro empreendimento comercial.

Observo que a Brascan Imobiliária estabelecia uma condição básica para participar de negócios que era a compra simultânea de todas as propriedades formadoras de um terreno com opções de compra e análise jurídica que viabilizassem economicamente um determinado projeto mais a consulta prévia da edificação aprovada pela autoridade pública.

Essa prática era totalmente diferente do que o mercado praticava, uma vez que os terrenos mais complicados eram adquiridos em etapas.

Graças ao admirável talento e competência de uma equipe de profissionais liderados pelo Dr. Renato Garcia Justo formada por Salim Zananiri, Theodoro Couto e Manuelito Olimecha, foi possível dar corpo às exigências corporativas do Grupo Brascan totalmente atípicas ao mercado imobiliário brasileiro.

As aquisições eram extremamente complexas e neste caso específico em Ipanema foi a negociação mais difícil de toda minha vida profissional.

Após dois anos de longas negociações e obtenção de opções, montamos uma operação chamada *Tio Patinhas* no escritório da Brascan na rua Guilhermina Guinle, em Botafogo. A operação teve início às 10 horas da manhã e foi concluída com sucesso às 21 horas sendo as 62 propriedades pagas simultaneamente.

Reunimos cerca de 150 vendedores, atendidos, ao longo do dia, separados por grupos de acordo com valores e condições acordadas, recepcionados por farto buffet e protegidos por um esquema especial de segurança.

Todos os funcionários da empresa foram mobilizados após rigoroso treinamento, realizado durante uma semana, no qual foram definidas ações e metas individuais numa verdadeira operação integrada.

Para a compra das 62 propriedades, aprovamos uma consulta prévia de um projeto em forma de U contornando uma propriedade que não conseguimos comprar ao longo de dois anos de intensas tratativas.

Nesse momento, o projeto ainda era um híbrido porque faltava o tal imóvel de 10x30 metros encravado na rua Visconde de Pirajá. Era uma elegante loja de propriedade da tradicional casa Gelli, a mais famosa fabricante de móveis pré-moldados do Rio de Janeiro naquela época.

Resolvi então, após a primeira etapa cumprida, concentrar todas as minhas energias em encontrar um meio de adquirir o terreno da Casa Gelli. A essa altura, já havia feito uma boa amizade com o Renato Gelli, presidente da organização e me deslocava duas ou três vezes por semana para sua fábrica na avenida Brasil onde conversávamos sobre tudo, exceto sobre o terreno de Ipanema. Renato o considerava o cartão de visitas da Gelli, muito embora tivesse dezenas de lojas na cidade.

Certa noite, saímos da avenida Brasil e convidei Renato para jantar no Leme, onde conversamos por longas horas. Resolvi voltar ao assunto do terreno com uma argumentação econômica, como se fosse um executivo da empresa dele. Por volta de uma hora da manhã, quando deixamos o restaurante, ele parou e me disse: *Acho que você tem razão.* Foi o motivo de uma comemoração que me deu muita alegria e vontade de chegar no dia seguinte e compartilhar com toda a empresa.

Numa visão imediatista poderão dizer *eram outros tempos*, no entanto posso lhes garantir que comprar edifícios inteiros naquela época era tão difícil quanto nos dias de hoje.

O que mobilizou tal empreitada, que durou mais de dois anos de muito trabalho?

O mercado acenava para o Rio de Janeiro como capital da moda brasileira extremamente bem *marketizada* pelas novelas da Rede Globo. Ipanema era a vitrine da cidade com grande escassez de espaços comerciais e altos custos.

Na época, o merchandising das marcas da moda consistia em etiquetar com destaque as roupas dos figurantes das novelas. Ipanema era visitada por compradores de todo o Brasil e países vizinhos em busca das grifes famosas que se aglomeravam no bairro em espaços exíguos tanto horizontais como verticais.

O lançamento teve a genial criação publicitária da agência MPM e tinha um anúncio antecipado, como um teaser, que mostrava uma panela de pressão em plena ebulição anunciando que no dia tal Ipanema iria ferver.

Folheto de lançamento do Quartier Ipanema
Fonte: Arquivo pessoal.

Para dar um aproveitamento máximo ao potencial construtivo do terreno projetamos três pavimentos de lojas e nossa única preocupação era a venda das terceiras sobrelojas.

Convidamos duas empresas de vendas para que trouxessem propostas de valores de tabela para lançamento. Resolvi colocar as duas empresas juntas numa reunião e levei também a minha proposta para que abríssemos juntos.

Para surpresa das duas empresas, a minha proposta de tabela era 40% superior à mais alta dos dois. Nesse momento, levantaram-se e disseram que eu precisava rever meus números. Eu lhes disse que voltassem aos seus escritórios e repensassem, pois naquele momento eu estava lançando um desafio.

O desafio era a escolha de uma só empresa com a tabela que apresentei para quem num prazo de quinze dias que antecederia o coquetel de lançamento vendesse mais lojas e sobrelojas.

Como o projeto era composto de um pavimento de lojas no térreo e duas sobrelojas mais 192 salas comerciais, o desafio maior era o da venda de sobrelojas. De fato, a empresa vencedora vendeu todas as lojas e sobrelojas antes do lançamento. Às 6 horas da tarde do dia do coquetel de lançamento no Clube Caiçaras, todo o restante do empreendimento chamado Quartier Ipanema estava vendido.

Quartier Ipanema

Ipanema 2000

Repetimos o sucesso desse empreendimento dois anos depois com o Edifício Ipanema 2000 na esquina das ruas Visconde de Pirajá com Aníbal de Mendonça.

Folheto de lançamento do Ipanema 2000
Fonte: Arquivo pessoal.

CASE 8 – A história mais recente de incentivos fiscais que favoreceram a hotelaria ocorreu no início dos anos 1970 com a isenção de Imposto de Renda por dez anos. Na época, a cidade renovou sua hotelaria com a construção de hotéis como Intercontinental (Grupo Brascan e IHC), Sheraton, Meridien e Othon dentre outros.

Esses hotéis trouxeram um incremento turístico muito grande para a cidade. No início dos anos 1980, a exemplo do que já começava a ocorrer em São Paulo, a municipalidade do Rio estudava uma legislação para residenciais com serviços no estilo dos *flat services* ou *apart-hóteis*.

CASE 9 – Em busca da viabilização dos chamados flat services, fui coordenador pela Brascan Imobiliária da aquisição de um terreno bastante complexo numa região em que, sem dúvida, um residencial com serviços teria grande sucesso.

Adquirimos uma propriedade com cerca de 1.800m² formada por mais de 35 direitos de propriedade e de contratos de locação na rua Francisco Otaviano em localização nobre que divide Copacabana do Arpoador.

No Rio de Janeiro, talvez por influência dos hoteleiros da zona sul, que temiam a concorrência dos flats ou apart-hóteis, foi criada uma legislação absolutamente inviável para o produto, com exigências de área mínima por apartamento de 60 m² e uma vaga de garagem para cada 2 apartamentos.

Partimos então para desenvolver um empreendimento residencial convencional e adequamos o projeto para outra necessidade da região de Copacabana, onde está a maior concentração de terceira idade do país, formada por moradores que buscavam bom nível de conforto em apartamentos menores com modernidade e raros na região.

O empreendimento Mar do Sul teve enorme sucesso e de certa forma, marcou uma renovação na orla de Copacabana divisa com o Arpoador.

A falta de uma legislação que favorecesse a hotelaria e o turismo se reflete até os dias de hoje. Tomando a região da Baixada de Jacarepaguá, como exemplo, vetor natural de crescimento e sede de grandes eventos como Centro de Convenções do Riocentro, Jogos Pan Americanos, Rock in Rio e Olimpíadas 2016 etc. até hoje ela não dispõe de oferta hoteleira capaz de atender à sua grande demanda.

Em São Paulo

CASE 1 – A primeira grande referência do mercado de São Paulo deve render uma homenagem à Companhia City pela qualidade de seus empreendimentos. Arriscaria a dizer foi a responsável pelo traçado urbanístico dos melhores bairros da cidade de São Paulo definindo um padrão para toda a cidade.

Fundada em 1912 com a denominação de City of São Paulo Improvements and Freehold Land Company tem entre suas realizações os bairros do Jardim América, lançado em 1915, o Anhangabaú, City Butantã, Alto da Lapa, Bela Aliança, Alto de Pinheiros e Pacaembu.

CASE 2 – Um dos maiores urbanistas brasileiros, Sr. Takaoka com quem tive oportunidade de conversar ao final da década de 1970 dava início ao projeto Alphaville, criando um local símbolo de uma relação custo X benefício altamente favorável.

Recordo-me quando o Sr. Takaoka relatava as dificuldades para levar compradores interessados ao local.

No momento exato em que o mercado imobiliário enfrentava o início de uma crise de excesso de ofertas de apartamentos e casas assobradadas (sobradinhos) com frente de rua na zona urbana, Alphaville trouxe uma proposta de qualidade de vida com venda de lotes em condomínio fechado e o sonho de morar em casas amplas que já estava meio adormecido para o paulistano que tradicionalmente era um usuário de casas.

Sua estratégia foi criar um lindo jardim florido com um clube que servia para buffets de festas com alta qualidade e baixo custo, criando a oportunidade para que milhares de convidados de eventos como casamentos e formaturas conhecessem o novo bairro que se formava.

A qualidade urbanística do bairro nunca vista anteriormente gerou uma divulgação grandiosa pela imprensa. O sucesso foi total para essa cidade chamada Alphaville com pouco mais de três décadas de existência.

O espírito criativo e inovador do Sr. Takaoka revolucionou o planejamento urbano nos anos 1970. Inicialmente com o Condomínio Ilhas do Sul e depois com Alphaville e Aldeia da Serra.

CASE 3 Outro grande gênio criativo Sr. Alfredo Mathias, que incorporou o Condomínio Portal do Morumbi, marco inicial da implantação do bairro e que passou a atrair a atenção de moradores novos que se mudavam para São Paulo, em sua maioria egressos de outros estados e estrangeiros. A proximidade de escolas de alto nível e outras facilidades de serviços consolidaram a qualidade desse empreendimento e sua alta valorização no bairro.

Portal do Morumbi

Alphaville

CASE 4 – A geração de edifícios construídos pela Construtora Adolpho Lindenberg, foi das mais significativas para o mercado da cidade. A alta qualidade de seus empreendimentos em bairros nobres e com grande poder de valorização fez dessa empresa a marca mais admirada no mercado.

A marca Adolpho Lindenberg transformou-se em sinônimo de qualidade, estendendo-se a muitos bairros e outras cidades com base na tradição criada principalmente nas décadas de 1960 a 1980.

CASE 5 – Uma grande referência de empreendimentos de alta qualidade, seja na era dos flats como nos dias atuais, tem sido a Cyrela, com sua preocupação permanentemente focada na qualidade e na inovação, trazendo o que há de melhor da influência internacional.

CASE 6 – Em 1976, meu irmão Ivo observou que a praia de São Paulo era o Parque do Ibirapuera e lançou o primeiro condomínio vertical da Vila Nova Conceição, o bairro que viria a se tornar o mais valorizado da cidade.

CASE 7 – Condomínio Santa Helena, concebido por outro grande empreendedor do mercado imobiliário: José Isaac Peres. Foi um dos marcos pioneiros do direcionamento da cidade para seu vetor mais nobre de crescimento consolidado pela Chácara Flora.

CASE 8 – No início dos anos 1990, como prospectador e consultor de negócios, resolvi fazer um sobrevoo na cidade em busca de áreas grandes onde pudesse desenvolver empreendimentos integrados.

Em uma época em que a tônica por qualidade de vida com busca por segurança eram grandes atrativos, consegui localizar oito áreas das quais consegui concretizar três com a Gafisa.

As duas primeiras resultaram nos empreendimentos Nova Cantareira, com 300 lotes unifamiliares na zona norte da cidade, e Chácara Alexandria, na zona sul, com seis edifícios e um total de 360 apartamentos.

A terceira área pesquisada, com cerca de 300.000 m² na região do Jaguaré, zona oeste da cidade, era de propriedade da Cia Grama e reunia as condições ideais para um condomínio sem precedentes na cidade.

Meu amigo e sócio Armando Conde tinha ótimas relações de amizade com os proprietários da Cia Grama. Por seu intermédio, obtivemos uma autorização para estudos de viabilidade.

No ano de 1992, em parceria com Armando Conde e o saudoso Carlos Alberto Siqueira, um dos maiores especialistas e conhecedores do mercado imobiliário de São Paulo, resolvemos traçar um plano em que originalmente o próprio Armando incorporaria e, aos poucos, mudamos o foco e atuamos como pré-desenvolvedores, repassando nossos direitos posteriormente.

Sabedor de uma ideia acalentada por meu irmão de desenvolver em São Paulo um bairro no estilo de Nova Ipanema e Novo Leblon, realizados no Rio de Janeiro na região da Barra da Tijuca, achei que essa área proporcionava a qualidade e ambiência ideais para tal empreitada.

Nessa época, grandes estudos arquitetônicos com simulações diversas eram muito demorados. Descobri que o único escritório equipado com Autocad era o do Arquiteto Edo Rocha. Fizemos então uma proposta de risco com baixo custo e trabalhei junto a eles durante dois meses para que pudesse levar à Gafisa uma proposta consistente com base em um estudo de implantação.

Em um dia de sol ao meio-dia convidei meu irmão Ivo, sozinho, para ver um terreno e levei-o ao local de onde se podia vislumbrar o espigão da a Paulista e uma vizinhança nobre formada por propriedades tradicionais.

Após o primeiro impacto muito positivo, e no próprio local, abri um primeiro estudo que contemplava a topografia do terreno e uma proposição formada por edifícios com oito pavimentos (altura máxima de 25 metros permitida para o local), casas, centro comercial, áreas de lazer e todas as facilidades da vida comunitária.

A decisão do meu irmão foi imediata. Antes de chegarmos ao seu escritório na Faria Lima, já havia decidido realizar este que é o maior empreendimento de classe média alta da cidade, denominado Colina de São Francisco com 48 edifícios e já totalmente construído com muito sucesso.

Colina de São Francisco

A grande virtude de uma comunidade integrada é trazer a segurança tão desejada por seus moradores com todas as facilidades de comércio, um bosque com 50.000m², lazer, economia de escala nos custos condominiais e alto índice de aprovação de seus compradores em face da adequação ideal de produtos e plantas no decorrer dos diversos lançamentos.

Este tipo de empreendimento exige alto grau de sensibilidade de mercado em face do risco envolvido. Foi lançado em 1993 numa época em que o incorporador bancava o repasse de financiamento aos compradores.

CASE 9 – Outra fantástica realização conquistada ao longo de anos de árduas negociações conduzidas e realizadas por meu irmão Ivo foi o Eldorado Business Tower, com 36 pavimentos, 141 metros de altura e área de locação com mais de 60.000m², anexo ao tradicional Shopping Eldorado e com a mais nobre localização comercial da cidade. Esse empreendimento constitui uma das principais referências da arquitetura e da pujança empresarial da cidade.

A referência a estes empreendimentos, que são verdadeiros ícones do mercado Imobiliário, se faz pela capacidade inovadora em épocas em que a criatividade e ousadia foram marcas de empresários altamente qualificados para a atividade imobiliária.

Pela qualidade de suas concepções, esses empreendimentos permanecem até hoje como grandes referências de mercado.

Eldorado Business Tower

CAPÍTULO 9
Vocacionar é preciso

Vocacionar terrenos para buscar a melhor adequação de produto ao mercado é a verdadeira arte do negócio imobiliário.

Nenhuma análise de viabilidade econômica, com todas as variáveis de sensibilidade possíveis, resiste a um erro de foco no produto.

O aprendizado do planejador tem de necessariamente passar por um profundo estudo das raízes culturais da população em que se pretenda desenvolver alguma coisa, bem como da evolução dos valores contemporâneos que contribuam para a melhoria da qualidade de vida.

Se tomarmos o Rio de Janeiro como primeiro exemplo, vamos verificar que sua população a partir dos anos 1940 já morava em apartamentos e já se habituava a morar à beira mar como opção permanente.

O Rio de Janeiro no início do século passado não tinha o hábito de morar à beira mar e Copacabana, por exemplo, era uma moradia para fins de semana ou para temporadas. A região de moradia mais elegante foi evoluindo desde o Alto da Boa Vista, Santa Teresa e Petrópolis, com clima mais ameno, e depois nos bairros do Flamengo e Botafogo, até que a beira mar de praias oceânicas se tornasse até os dias de hoje a região mais procurada.

A característica predominante do Rio de Janeiro é a mobilidade permanente em direção à beira mar, mesclando populações da mesma cidade com traços culturais diferentes.

A ascensão econômica da população da cidade é sempre representada pela compra de um imóvel próximo à praia e, por consequência, estabelece uma grande miscigenação de caráter sociocultural.

O fenômeno pode ser medido pelos hábitos de frequência diferenciados ao comércio e serviços nos próprios bairros em que ocorre a miscigenação, percebendo-se a notória diferença de costumes e postura social.

A aparência do consumidor carioca fica de tal forma condicionada ao endereço que a visão de produto passa a ser secundária.

O exemplo de bairros próximos à beira mar demonstra uma tradição de moradia muito condicionada ao endereço, com edifícios sem afastamentos laterais, outros com plantas enclausuradas e sombrias e outros com plantas mal estudadas desprezando aspectos de insolação, ventilação e iluminação com baixa qualidade de layout.

Existe uma nova geração de empreendimentos, principalmente na região da Barra da Tijuca e adjacências, onde está a maior oferta concentrada da cidade. Esses empreendimentos buscam compensar a deficiência de plantas mal resolvidas com grandes espaços de lazer, que, na maioria das vezes, sobrecarregam os custos condominiais.

São Paulo vem de um hábito de moradia em casas e valoriza o bairro de origem, preservando sempre suas tradições, principalmente as étnicas e culturais.

Independentemente da ascensão econômica, o paulistano em geral preserva a proximidade dos familiares e amigos, fazendo com que os bairros se renovem e se modernizem com a fixação das novas gerações.

Tradicionalmente, a cidade de São Paulo desfruta de uma legislação para edificações que favoreceu a qualidade dos edifícios em centro de terreno com plantas bem resolvidas. Em geral, os bairros vão cada vez mais se renovando com grande presença de compradores do próprio bairro ou adjacências.

Vocacionar produto é a resultante de anos de observação das diversas necessidades e tendências da vida cotidiana. Grande parte dessa observação acontece na vida de outras culturas em países mais evoluídos ou não, porque cultura de vida não é necessariamente atributo de alta tecnologia ou economia de primeiro mundo. É sempre possível captar detalhes que contribuam para a melhoria das edificações e da vida de seus usuários.

Analisando-se uma farta bibliografia norte-americana sobre o comportamento das cidades, verificamos a existência de um forte movimento de retorno aos centros de cidade como solução para reduzir o tempo perdido no tráfego e a busca de uma nova forma de comunidade urbanística – mais adensada e com valorização de proximidade das diversas facilidades que podem ser acessadas a pé.

O livro *The death and life of great american cities* da autora Jane Jacobs, uma jornalista que não possuía formação em arquitetura ou urbanismo, baseiava-se em longas observações pessoais e na compilação de informação estatística e análises de cientistas sociais. Em sua obra, Jacobs analisa a visão utópica de pensadores e urbanistas americanos e europeus como Le Corbusier e conclui que todos esses homens idealizaram cidades como um lugar horrível, com superlotação, crime, doença e feiura. Em sua opinião a cidade bem-sucedida se baseia em diversidade que significa diferentes edifícios, diferentes residências, diferentes negócios e diferentes quantidades de pessoas. A falta de diversificação leva à estagnação econômica, favelas, criminalidade e uma série de horrores vistos diariamente nas televisões. Em suas observações pessoais, encontrou parques debaixo de arranha-céus sem sol ou no final de ruas sem saída e calçadas estreitas. Apesar de ter sido escrito em 1961, o livro continua a ser um clássico sobre como as cidades funcionam.

O livro *The end of the suburbs*, de autoria da jornalista Leigh Gallagher, editora-chefe adjunta da Revista *Fortune*, aborda um tema corrente do pós-guerra, citando:

> O governo no passado criou um sonho americano em detrimento de quase todos os outros: o sonho de uma casa, um gramado, uma cerca, dois filhos e um carro. Mas não existe um único sonho americano mais.

Ela avalia que, por quase 70 anos, os subúrbios foram tão americanos quanto a torta de maçã. Gallagher chama de revolução da queima lenta o que consiste em remapear a forma da América e seu futuro. Cita que os subúrbios estão mudando não em face da recessão mas por causa das novas atitudes sobre onde e como queremos viver.

O livro *The great inversion and the future of the american city*, de autoria do urbanologista Alan Ehrenhalt, publicado em 2012, aborda de forma muito objetiva como o desejo de urbanismo está trazendo as pessoas de volta para o centro das cidades da América. O autor analisa a mobilização de jovens, adultos e aposentados de melhor poder aquisitivo retornando dos subúrbios para os centros de cidade enquanto imigrantes, e pessoas de classe média baixa se deslocando para os subúrbios.

Embora o modelo americano seja o que mais nos influencia nos tempos atuais, existe uma enorme diferença entre os centros de cidade como os do Rio e São Paulo com centros de cidades americanas como Nova York, Chicago ou Miami dentre muitas outras.

Uma diferença básica acontece nas cidades americanas devido a um efetivo instrumental jurídico que permite os processos de intervenção urbana e uma renovação dos imóveis quase de forma compulsória.

A chamada *Era da Vida Urbana* permite uma maior integração humana com diversidade principalmente social, proximidade do trabalho com acessos a pé ou de bicicleta, racionalização dos espaços internos da moradia e maiores espaços e equipamentos urbanos, tornando a vida mais prática e mais bem aproveitada. É uma tendência internacional que satisfaz a todas as faixas etárias.

O mercado imobiliário do Rio e de São Paulo tem obtido sucesso com lançamentos em bairros adjacentes ao centro como é o caso da Lapa no Rio; e da Bela Vista e Higienópolis em São Paulo. Porém, sem uma efetiva legislação que permita desapropriações de grandes espaços para renovação urbana em benefício da qualidade de vida das populações, essas iniciativas de retorno ao centro serão sempre tímidas e não atenderão aos anseios de vida urbana com as diversas facilidades requeridas ao seu redor.

Espaços criados sem um mínimo de qualidade, em seu entorno como é o caso da Cidade Nova e da Zona Portuária no Rio e região do Brás em São Paulo, dificilmente poderão oferecer os requisitos obrigatórios para um desenvolvimento imobiliário.

Um mercado bastante desfavorecido pelos empreendedores tem sido o dos chamados domicílios unipessoais.

Indivíduos que na fase de criação de seus filhos adquiriram imóveis amplos ou mesmo residências com dois ou três pavimentos numa certa altura da vida querem procurar um imóvel compatível com suas necessidades e não encontram.

Casas com um só pavimento e apartamentos confortáveis com duas suítes, por exemplo, e sem excesso de agregados, que só encarecem o custo condominial, são escassos no mercado e atenderiam a uma grande faixa do mercado atual: pessoas sozinhas, casais em início de vida profissional e casais cujos filhos já têm sua residência em outro domicílio.

O Brasil tem 23,9% de sua população com algum tipo de deficiência seja de natureza física ou intelectual. Foram criadas muitas regras construtivas que de um modo geral favorecem os acessos aos edifícios. Mas existem pontos fundamentais não resolvidos que se referem aos aspectos de mobilidade interna dos imóveis como larguras de portas, acessos para uso e segurança dos banheiros, áreas de circulação dentre outros que muito facilitariam a vida deste grande contingente de mercado.

No Rio de Janeiro, está o bairro de maior população de terceira idade do Brasil, que é Copacabana onde praticamente não existem mais terrenos disponíveis para incorporar e resta somente a opção do *retrofit* que acontece muito raramente porque depende da aprovação da maioria dos condôminos e em geral a disponibilidade econômica dos aposentados não permite orçamentos extras. Outros bairros poderiam promover produtos mais adequados a famílias reduzidas e que requerem maior conforto.

Em São Paulo, não existe uma polarização de terceira idade em determinados bairros embora a cidade de Santos a 68 km de São Paulo com excepcional malha rodoviária reúna a qualidade de vida muito apreciada por esta população que sonha em se aposentar e residir naquela cidade. Também se deslocam para cidades com excelentes qualidades no interior do Estado de São Paulo como Jundiaí, Valinhos, Vinhedo, Indaiatuba dentre muitas outras.

Existem muitas iniciativas nos mercados do Rio e de São Paulo voltadas para o chamado *mixed use*, que procura conciliar a moradia com o local de trabalho. No Brasil, existe a tendência em determinadas atividades empresariais ao modelo *home office*, que é bastante disseminado nos Estados Unidos e que traz grandes benefícios na economia de tempo perdido no tráfego e, principalmente, no espaço físico ocupado nos escritórios.

O ideal realmente seria a solução em macro escala, ou seja, por meio do planejamento de grandes bairros integrados ou mesmo cidades satélites com o adequado planejamento.

Uma das grandes aberrações urbanas da cidade de São Paulo é a manutenção do CEAGESP (Central de Abastecimento do Estado de São Paulo) no bairro da Vila Leopoldina.

Na década de 1990, meu irmão Ivo desenvolveu um grande projeto para um empreendimento denominado TAG (Terminal de Abastecimento Geral) que pretendia transferir a CEAGESP para o futuro entroncamento do Rodoanel no Município de Guarulhos.

Já na década de 1990, a CEAGESP comercializava 70% de todo o abastecimento alimentar do país contribuindo para o acúmulo de densidade de tráfego de caminhões em pleno coração da cidade de São Paulo. Até o presente, passados 20 anos, o Governo do Estado e a Municipalidade discutem a necessidade premente de sua transferência para local adequado.

Isso mais uma vez demonstra a necessidade de mecanismos de intervenção sem que o Estado seja o único gestor de questões tão sensíveis aos interesses de toda a população.

Ivo tinha também um grande sonho de poder desenvolver uma cidade satélite na região de Jundiaí que poderia ser viabilizada com a utilização da linha férrea ligando São Paulo e utilizando composições sobre trilhos já existentes que proporcionariam uma viagem sem os contratempos normais das rodovias. Essa ideia só poderia ser viabilizada com base em um conceito de transporte seguro e pontual, capaz de absorver com conforto a demanda que se pretendia nessa nova cidade.

A cidade seria composta basicamente por um centro educacional de excelência, atraindo um perfil de moradores que pretendessem segurança e bem-estar para a família. A área imaginada na época tinha em torno de 10 milhões de metros quadrados e permitia um Plano Diretor de desenvolvimento que previa a completa integração entre o morador, seu local de trabalho e todos os serviços necessários.

Desde os anos 1920, no século passado, muitas pessoas moravam na cidade de Petrópolis e trabalhavam no Rio de Janeiro. Ao final do expediente por volta das 17 horas embarcavam na Praça XV numa barca que os conduzia até Barão de Mauá e baldeavam para o trem que subia a serra.

Era muito agradável porque no trem se tomava o café da manhã e à tarde se descontraía com o *happy hour* em meio a um bate papo, que tornava o trajeto de uma hora e meia extremamente agradável.

Diferentemente de hoje, em que o morador da Barra da Tijuca e adjacências gasta até cinco horas por dia no transporte público ou em seu automóvel em companhia do seu inseparável smartphone.

Na cidade do Rio de Janeiro e especificamente na Baixada de Jacarepaguá, região de maior expansão da cidade, uma grande quantidade de centrinhos comerciais está sendo construída com total falta de adequação ao mercado, em que verificamos um altíssimo índice de ofertas para venda e para locação. Falta-lhes principalmente um maior espaço para estacionamento dos clientes das lojas e as poucas vagas existentes encontram-se mal projetadas causando sempre transtornos no trânsito ao exigirem manobras para acesso com angulação errada da rua.

Em contrapartida, verifica-se na região uma grande carência de creches e escolas com longas filas de espera, algumas inclusive cobrando luvas para acesso de alunos. O preço das mensalidades praticado na região inviabiliza o custo que os habitantes podem pagar pelas mensalidades para verem seus filhos crescerem com educação e segurança. Por isso, existe um movimento migratório de famílias que recorrem a moradias onde ainda possam arcar com os custos escolares. Exemplo disso é a expansão imobiliária no Rio de bairros como Jacarepaguá e Campo Grande, explodindo com novos empreendimentos residenciais.

Outro fato que surpreende no Brasil é o da oferta de edifícios comerciais vocacionados para serviços em que ainda se propõem projetos com *layouts* indicando sala de espera para consultórios e pequenos escritórios. Isso acarreta um desconforto para todos os usuários e um gasto a mais para os profissionais liberais, pois em geral 40% da área útil é usada, num espaço exíguo, para sala de espera dos clientes. Bem mais razoável seria aproveitar espaços ociosos nos acessos e áreas comuns, criando confortáveis e espaçosas esperas com banheiros, serviços de bar e um atendimento moderno via agenda eletrônica.

A falta de obras residenciais de Oscar Niemeyer no Rio e em São Paulo (com exceção do Edifício COPAN com mais de 40 anos de construção) denotam uma certa displicência e falta de visão comercial do mercado imobiliário brasileiro. Um descaso ao se pensar que se trata do maior expoente da arquitetura brasileira, reverenciado em todo o mundo e que certamente agregaria um valor imenso a qualquer realização que o tivesse como autor.

Se tomarmos como referência Gaudi em Barcelona cujo legado de edifícios residenciais apreciados e cultuados como verdadeiras obras de arte valorizadas e cobiçadas por investidores do mundo inteiro, penso que não teria sido diferente no Brasil com Niemeyer.

É lamentável que com raríssimas exceções o Brasil e especificamente suas maiores cidades com tantas influências étnicas e culturais não tenha se preocupado mais em qualificar seus empreendimentos com uma arquitetura tradicionalmente consagrada e tenha tentado sempre partir para uma tentativa de inovar sem se basear nesses preceitos.

A preocupação do incorporador brasileiro foi sempre imediatista. Quando um determinado arquiteto desenvolve um projeto bem-sucedido, vira *carimbo*. Repetir o que está dando certo foi sempre a tônica do mercado e azar de quem fica no *rabo* da fila quando a tendência se esgota e não atende mais às necessidades do mercado porque o momento já passou.

É importante estar sempre atento aos anseios de cada segmento e momento do mercado.

CAPÍTULO 10

A construção civil no processo da incorporação

Até meados da década de 1970, as empresas incorporadoras sempre foram derivadas de empresas construtoras.

Por questões fiscais e por força da própria Lei das Incorporações que caracterizou a figura do Incorporador como verdadeiro agente industrial do processo e sobre quem recaíam todos os riscos, a atividade da construção passou a ser exercida na maioria das empresas como centro de custo secundário ou mesmo como empresa independente ou por meio de empresas terceirizadas.

A empreitada reajustável introduziu uma nova responsabilidade ao construtor, que passou a fiscalizar suas obras de forma intensiva, tendo sido inclusive criados nessa época o regime de apropriação de custos e os acompanhamentos por meio de cronogramas físico-financeiros com sistema Pert.

As empresas construtoras tradicionais preservaram seus *Mestres de Obras*, que sempre foram os mestres da vida prática dos engenheiros em treinamento e eram reverenciados e reconhecidos como fundamentais na existência das construtoras.

Quando trabalhei no sistema de apropriação de custos da Gomes de Almeida Fernandes no período de 1967 a 1970, reuniões semanais eram feitas com a participação dos mestres de obras, que por suas experiências além de zelarem pelos padrões de qualidade também eram capazes de intervir na melhor racionalização de custos.

Com o decorrer do tempo, as construtoras transformaram-se em administradoras de contratos com a maioria das etapas da construção sendo terceirizadas. O nível de fiscalização exercida no passado pelos competentes mestres de obras passou a ser feito por engenheiros menos experientes e, muitas vezes, despreparados para a função.

A indústria de insumos e equipamentos para a construção civil não está programada para efeitos do tipo *sanfona*, provocados por aumentos súbitos no volume de construções, que causam dificuldades incontornáveis ao andamento das obras – haja vista os atrasos causados por fornecimento de elevadores.

Outra grande preocupação tem sido a formação de mão de obra qualificada, prejudicando a produtividade das obras, além do sistema empregador amparado por uma legislação trabalhista arcaica.

Mais uma vez nos reportamos ao descontrole de créditos num país onde as indústrias que abastecem o mercado da construção civil têm de se adaptar e estarem preparadas para, a qualquer momento, atenderem aos chamados *booms* imobiliários.

Diz o ditado que *quem faz mal feito faz duas vezes*. Essa tem sido a tônica de um mercado que nunca antes havia frequentado na intensidade atual os organismos de reclamação do consumidor.

CAPÍTULO 11

Os encantadores de serpente

A partir dos anos 1960 a necessidade de fomentar o poder de decisão dos compradores de imóveis fez surgir uma nova geração de empresas de corretagem cada vez mais profissionalizadas.

Vender *um bom ponto* já não era senão um dos argumentos de venda.

Nos anos 1970 com o mercado em ebulição, grandes corretores definiam estratégias com base no produto que recebiam para vender sem participar de sua definição. Digo isso sem demérito aos corretores, pois havia mais competência na elaboração de produto por parte dos incorporadores.

Grandes estrategistas de vendas como Clineu Rocha e Francisco Lopes em São Paulo, Sergio Dourado e José Isaac Peres (à época na Veplan) no Rio de Janeiro, dentre outros, destacaram-se e formaram grandes escolas.

Pouco a pouco a formatação de produtos começou a ter forte apoio dos fronts de venda por meio do investimento em pesquisa e cadastramento de interessados.

Particularmente no caso da Brascan Imobiliária em seus primórdios tivemos bastante dificuldade em coletar resultados de pesquisa numa época em que o corretor imaginava que as informações coletadas eram uma espécie de reserva de mercado, quando na realidade a tabulação de informações funcionava como um realimentador de produtos e novos lançamentos.

Essa postura foi pouco a pouco eliminada e aconteceu um fenômeno inverso. Apreciamos nos dias de hoje as empresas de venda tentando conceituar produtos para o incorporador e sendo vistos como verdadeiros *Midas* do mercado imobiliário.

A meu ver, essa prática foi e continua sendo nociva ao mercado. O sigilo na pesquisa e seleção de oportunidades, que é o efetivo segredo do negócio, passarram a se tornar de conhecimento público devido aos chamados *papagaios de pirata*. São assessores de empresas de corretagem que frequentam reuniões para opinarem sobre vocação de terrenos e vazam frequentemente as informações no mercado tentando intermediar terrenos diretamente em prejuízo de toda a cadeia produtiva da incorporação e em favor de uma ganância desnecessária.

Não quero generalizar essa atitude. Porém, atuando como consultor de empresas, assisti a muitas interpretações errôneas que levaram empresas incorporadoras a grandes prejuízos por se *jogarem de cabeça* em concepções absolutamente inviáveis e fantasiosas em muitas ocasiões numa tentativa perniciosa de dividir mercado para satisfazer sua clientela.

Acredito que o mercado imobiliário sempre terá êxito por meio do talento do incorporador, que na realidade é o grande ganhador ou perdedor do negócio e só ele corre riscos por isso. Quase sempre utilizo uma máxima que não ouvi de ninguém e nela confio plenamente: Não existe crise de mercado só existe crise de produto.

Todos os atributos de produto que a cada dia se tornam mais requisitados para melhorar a liquidez dos empreendimentos têm aspectos positivos e se tornam habituais no diferencial da seleção de compra. Entretanto, precisamos analisar até que ponto a sustentabilidade de tais atrativos refletidos principalmente nos custos condominiais influenciarão a vida do morador.

Os encantadores de serpente não têm um sentido pejorativo e simbolizam o esforço e a criatividade do corretor na absorção de tendências e necessidades de seus clientes, na elaboração de suas estratégias pessoais, na formação profissional direcionada ao tipo de clientela que irá atender e nas informações coletadas no front de vendas que poderão ser úteis ao incorporador.

Minha primeira aula de venda de imóveis que, diga-se de passagem, não foi das mais éticas, ocorreu quando tinha uns oito anos de idade e fui com meus pais como potenciais compradores a uma excursão com finalidade de venda de lotes em Araruama no Estado do Rio de Janeiro.

Lembro-me que de um estande de vendas montado num imenso areal podíamos vislumbrar ao longe a Lagoa de Araruama e o único obstáculo naquele imenso deserto eram dois pequenos coqueiros anões em pontos separados e distantes uns 300 metros do tal estande.

Enquanto tomávamos água de coco fartamente servida e aguardávamos o atendimento, meu pai já havia percebido que um dos corretores sempre oferecia os terrenos com coqueiro. Quando finalmente foi atendido, mais uma vez lhes foram oferecidos os terrenos dos coqueiros, porém meu pai não se interessou porque não acreditou na realização do loteamento ainda por ser urbanizado. Saímos do local e fomos almoçar e dar um passeio. No final do dia, encontramos por acaso o astuto corretor com uma pequena carreta levando os coqueiros que eram plantados e replantados a cada dia dos seus plantões.

Em minha vida profissional, tive uma empresa de vendas na cidade do Rio de Janeiro chamada Promark entre os anos de 1982 a 1987 criada para vender lotes e apartamentos em dois condomínios na Barra da Tijuca chamados Park Palace e Pedra de Itaúna. Como clientes, as empresas Esta Empresa Saneadora Terrritorial e Agrícola e Plarcon Engenharia solicitaram a formação de equipes especializadas em vista do alto valor dos lotes e apartamentos com excepcional localização. Inicialmente formamos uma equipe com quatro corretores altamente especializados e experientes, oriundos da antiga Veplan, na ocasião focados em vendas de contratos de Shopping Centers.

Aproveitamos o período da entressafra de lançamentos de shopping e formamos essa equipe para o mercado residencial com bons resultados, entretanto, por força de outros compromissos, permaneceu por apenas oito meses.

Na dificuldade de buscar profissionais e interromper os trabalhos, buscamos profissionais aposentados e formamos uma equipe com seis corretores com mais de 70 anos de idade. Foi uma das experiências mais bem-sucedidas que já vivi. Apesar do mercado ainda incipiente do bairro naquela ocasião, o grupo realizou um trabalho do mais alto gabarito e garantiu plena liquidez dos empreendimentos com pouco apoio de comunicação.

A principal lição que tirei dessa experiência foi a da qualidade do atendimento. Naquela ocasião, vender lotes de terreno na Barra da Tijuca para uma população que em sua maioria nasceu e viveu em apartamentos era uma missão que exigia muita argumentação. A conquista do cliente se dava de forma gradual, em etapas de conversações, com muita paciência e cordialidade.

Tive a oportunidade de negociar e vender um apartamento no Condomínio Park Palace, para um dos homens mais inteligentes que conheci em toda minha vida: Armando de Morais Sarmento, ex-presidente da McCan Erickson mundial, detentora da conta publicitária da Coca Cola, por exemplo, por ele conquistada.

Submeteu-me a um grande teste de vendas que serviu de experiência para os futuros anos de vida profissional.

Quando fui Superintendente da Paraty Desenvolvimento Turístico, empresa controlada pelo Grupo Brascan e responsável pela construção do Condomínio Laranjeiras em Paraty, levei alguns empresários de vendas do Rio para conhecer o empreendimento, que de alguma forma sempre declinavam principalmente por não lhes parecer uma venda muito viável.

Mudamos então o foco para São Paulo, contratando um experiente corretor chamado Antônio Rodrigues dos Santos. Por meio de um trabalho de conquista gradual e com pouca publicidade, Antônio encontrou o universo ideal de compradores. Algumas ações promocionais foram da maior importância, como a contratação da assessoria de imprensa do colunista social Tavares de Miranda, um excepcional formador de opinião, a apresentação do projeto no Clube Harmonia e uma reportagem no local do empreendimento e na região de Paraty feita pela extinta *Revista Manchete*.

Tive a oportunidade de conviver com grandes corretores de imóveis que, pelo exercício da estratégia formulada com grande inteligência, constituíram grandes empresas e foram de importância capital para o sucesso do mercado imobiliário.

Reportagem da revista Manchete
Fonte: Arquivo pessoal.

O livro *Sucesso em vendas*, de Eduardo Coelho Pinto de Almeida, um dos mais competentes corretores do mercado imobiliário, traz em seu conteúdo a revelação de ensinamentos e técnicas de comercialização absorvidos em sua longa e vitoriosa carreira. Adverte sempre para uma questão fundamental relacionada ao treinamento dos corretores: *Você pode perder uma venda, mas você não pode perder um cliente*, ou também O *maior capital de um vendedor é a sua clientela*.

CAPÍTULO 12
Os mercados

O mercado imobiliário não pode ser analisado apenas sob a óptica de um mercado de lançamentos de imóveis novos, que preenchem os espaços mais importantes da mídia e dos diversos tipos de promoções.

Existe uma classificação que divide o mercado em três categorias distintas, denominadas por mercados primário, secundário e de locações.

Por primário entende-se o de lançamentos de imóveis novos e seu período de oferta que se estende normalmente até seis meses após o final da obra.

Já o denominado de secundário é formado basicamente por unidades usadas e revendas. No entanto, de alguns anos para cá, esse mercado passou a ser integrado também pelo chamado *remanescente* – unidades novas e não comercializadas na fase primária que passam a fazer parte do cadastro de ofertas do mercado secundário.

O mercado de locações, historicamente procurado por investidores individuais como importante complemento de renda, sempre funcionou como um regulador de demanda para muitos que locavam aguardando um imóvel em construção e outros que esperavam uma melhoria de renda ou formação de poupança. Esses imóveis em renda tinham seus aluguéis referenciados por um porcentual do valor de venda do imóvel no mercado, comparável a uma caderneta de poupança com a vantagem da valorização do bem patrimonial. Com a queda no valor dos aluguéis provocada pelas facilidades de aquisição da casa própria com financiamentos de longo prazo, taxas de juros atraentes e também pela pesada tributação imposta sobre aluguéis, houve um desaquecimento nessa modalidade de investimento. Atualmente, os Fundos Imobiliários – que oferecem uma renda de locação proveniente de patrimônio imobiliário formado por imóveis comerciais diversos como edifícios corporativos, centros de distribuição e galpões de logística – oferecem isenção de imposto de renda e são tributados em 20% somente pela valorização das cotas negociadas no mercado financeiro, tornando-se uma opção atraente para estes tradicionais investidores em locação.

Os mercados secundário e o de locações funcionam como uma espécie de *trampolim* de acesso ao mercado primário porque contribuem ou para formação de poupança ou para formação do hábito de moradia em determinada região que venha a induzir o consumidor ao desejo de um imóvel novo ou da casa própria.

Não existe no Brasil um mercado ativo de permutas que possibilite incentivar as vendas de imóveis novos.

CAPÍTULO 13

O provincianismo

Tenho um ponto de vista pessoal a respeito deste tema, sobre o qual a discordância é absolutamente livre.

Estamos hoje vivendo em cidades como Rio de Janeiro e São Paulo, onde o excesso de nomenclatura estrangeira dada aos empreendimentos imobiliários está tornando as cidades quase sem leitura ou mesmo indecifráveis.

Nomenclaturas que exigem conhecimento da língua para serem pronunciadas dificultam a vida do usuário final e da gama de prestadores de serviços básicos, que, até por vergonha de pronunciarem, passam a se referir sempre a pontos de referência.

Esse derrame de *americanismos* e *estrangeirismos* rouba a personalidade da cidade e do país, além de dificultar tremendamente a localização de onde se queira chegar.

Assimilar um nome em outra língua para qualquer nível intelectual de um residente no Brasil é missão impossível, a não ser que o indivíduo trabalhe ou more naquele edifício e o frequente permanentemente.

Encontrar um endereço em determinados bairros do Rio e de São Paulo contaminados pela nomenclatura é um desafio até para os residentes e, muitas vezes, só são encontrados graças aos celulares com GPS.

Enfim, acredito que seria bem mais fácil utilizar um novo padrão de programação visual com nomenclatura brasileira e numeração acessível, sem os exageros que tentam dar status aos empreendimentos e dificultam a vida dos futuros usuários.

CAPÍTULO 14
Conclusões

O Mercado Imobiliário sempre foi muito atraente para as mais variadas categorias de profissionais que buscam alternativas como incorporadores ou como investidores, imaginando que esse mercado traz um retorno rápido do investimento. Nem sempre avaliam os riscos com o devido cuidado.

Um dos objetivos deste livro foi o de tentar demonstrar num período histórico de pouco mais de 40 anos, a quantidade de oscilações e variáveis que podem interferir no cotidiano dos incorporadores, fazendo com que empresas do ramo no Brasil tivessem vida tão curta.

Tive a oportunidade de apreciar a entrada no mercado de muitos empresários vindos de outros ramos, tais como comerciantes, industriais, alguns prejudicados pelas importações da China, investidores individuais dentre outros que imaginaram que os ganhos fossem rápidos e que o imóvel representava uma moeda forte e inabalável com a qual pudessem enfrentar qualquer crise econômica.

A maioria desses empresários não resistiu sequer a uma primeira crise de liquidez de vendas, que os obrigava a absorver investimentos e encargos financeiros insuportáveis, gerando resultados negativos.

Algumas medidas que favoreceram o mercado, como a farta oferta de crédito, a alienação fiduciária e o patrimônio de afetação atraíram empresas do mercado financeiro para o ramo imobiliário. Elas mudaram radicalmente o sistema de gestão ao adotarem um modelo volumétrico de crescimento de vendas, imaginando que o mercado pudesse ser tão elástico e absorver uma valorização interminável, chegando inclusive seus pseudoespecialistas a profetizarem que o mercado estava com preços defasados e carecia de ajustes.

O grande problema é que esqueceram que o poder aquisitivo da demanda não cresceu em 20 anos o que a oferta de preços no mercado impôs aos seus consumidores num período de sete anos.

Este desequilíbrio foi provocado basicamente pelo componente de custo terreno porque em certos casos até o custo de construção foi racionalizado reduzindo impactos maiores.

O mercado está vivendo uma doença chamada inadequação, e seus efeitos são sentidos principalmente a partir de 2012 com quedas acentuadas nas vendas.

Temos de admitir que terrenos, a matéria-prima básica da incorporação imobiliária, não podem ser tabelados e o ritmo frenético imposto pela fartura de financiamentos e IPOs provocou uma corrida do ouro aos terrenos que determinaram patamares de valores insuportáveis.

Se o desenvolvimento urbano com infraestrutura qualificada não cresce em condições de oferecer espaços incorporáveis com custos menos especulativos, a qualidade habitacional cada vez mais estará em declínio.

O descontrole de preços vem prejudicando drasticamente a capacidade de renovação do mercado embora o maior prejudicado seja o próprio incorporador, que não consegue mais encontrar um equilíbrio na administração do seu negócio.

Nossa origem latina, por ideologia, não permite que investidores imobiliários pratiquem uma política de livre-mercado. Ao encontrarem dificuldade de liquidez, sentam em cima do bem e são corroídos pela inflação e pelo custo de manutenção do imóvel. Ao longo de cinco anos com uma inflação média de 6,5% ao ano, mais custeio de IPTU e condomínio, produz-se uma perda em torno de 50%.

Tentar transformar leis e tradições desse mercado em equações matemáticas tendenciosas é como tentar ensinar balé para elefantes.

Apesar da defesa propagada por instituições financeiras de que no Brasil o crédito imobiliário representa menos de 10% do PIB, enquanto que nos Estados Unidos representa mais de 85%, essa constatação não deveria interferir na oferta de crédito praticada de forma desorganizada para um mercado que se torna altamente especulativo e irreal.

Nos Estados Unidos, poderíamos dizer que a multiplicidade de obtenção de hipotecas levou grande parte dos consumidores a um fenômeno que poderíamos chamar de *escravidão monetária imobiliária*, fazendo com que inúmeros proprietários iludidos pela fartura de crédito fácil viessem a decretar a bancarrota e muitos perdessem até sua própria casa.

Analisando as cidades do Rio de Janeiro e de São Paulo sob o ponto de vista do desenvolvimento urbano e de sua qualidade de vida, podemos também avaliar outros aspectos.

O Rio de Janeiro, uma das mais belas cidades do mundo, teve o privilégio de poder se expandir numa região altamente privilegiada pela natureza composta por dezessete quilômetros de praias oceânicas, lagoas de formação natural, com ampla superfície plana, cercada de vegetação e contorno de montanhas de rara beleza.

A região chamada Baixada de Jacarepaguá (compreendendo bairros como Barra da Tijuca, Recreio dos Bandeirantes, Vargem Grande, Vargem Pequena e por extensão a Baixada de Guaratiba) deveria ter preservado todas as características urbanísticas e socioculturais da cidade do Rio de Janeiro, acrescentando ingredientes de modernidade que favorecessem a qualidade de vida.

Entretanto, o plano urbanístico proposto desprezou as características de uma cidade cosmopolita, alegre, com esquinas, receptiva e integradora de todas as classes sociais onde a praia era o ponto de encontro da população.

A região se transformou numa cidade cercada de muros e seguranças, elitista, individualista, clubista, provinciana e feudal totalmente descaracterizada daquela vida descontraída que fazia do Rio de Janeiro a verdadeira Cidade Maravilhosa.

O plano urbanístico proposto ignorou a potencialidade do transporte e do turismo das lagoas da região, criou uma via principal de grande tráfego sem alternativas de escoamento por vias secundárias que, pouco a pouco, foram bloqueadas e absorvidas pelos condomínios fechados, subdimensionou as vias de circulação para o potencial de ocupação, previu núcleos residenciais mal dimensionados para as necessidades fundamentais como escolas, postos de saúde, edifícios comerciais corporativos e de serviços que aproximassem o morador do seu local de trabalho e basicamente ignorou por completo a diversidade obrigatória de uma cidade com as tradições do Rio de Janeiro.

A falta de escolas na Barra da Tijuca é tão grave que existem escolas cobrando luvas, outras fazendo sorteios para admissão de alunos, além dos preços abusivos cobrados que fazem com que parte da população se desloque para bairros mais distantes para poderem educar seus filhos.

Enquanto isso, existem em toda a extensão da Avenida das Américas dezenas de centrinhos comerciais ofertados e ociosos construídos por serem uma espécie de *azeitona da empada* (gíria usada quando o empresário é levado a pensar que ganhou alguma vantagem no acréscimo de áreas) na parte frontal dos núcleos residenciais sem foco de usuários. Talvez os sindicatos classistas pudessem propor uma isenção fiscal para instalação de escolas e centros de saúde.

São Paulo, diferentemente do Rio, é uma cidade concêntrica com muitos bairros preservados pelo próprio interesse da população em sempre que possível morar onde nasceu, mantendo suas raízes.

A verticalização da cidade sempre foi feita de forma muito cautelosa porque a estrutura de transporte de massa constituída por metrô ou monotrilho, que não utilizam vias públicas já extremamente sobrecarregadas, sempre teve dificuldades em acompanhar a velocidade de crescimento populacional da cidade.

Considerando-se que a cidade de São Paulo já chegou a crescer uma Curitiba por ano com sua expansão imposta por um verdadeiro *destino da salvação nacional*, atraindo populações de todas as partes do Brasil e até do exterior em busca de trabalho e qualidade de serviços, impõe-se um planejamento urbano dinâmico, eficiente e constante, com as necessárias obras de infraestrutura.

Praticar o mercado com arte significa adequação, vestir literalmente a camisa do potencial comprador e analisar suas necessidades reais, escolher terrenos com custos adequados ao produto final que se pretenda desenvolver, analisar como será a futura vida do morador e as facilidades fundamentais com transportes, comércio e escolas etc. dotando o produto de equipamentos essenciais para uma boa qualidade de vida sem supérfluos desnecessários que só encarecem o custo condominial.

Vivemos uma sociedade em transformação, que, apesar de todo o desenvolvimento tecnológico, está sob o ponto de vista da moradia se tornando refém de uma qualidade decadente de produto imposta pela falta de competência na administração das regras de desenvolvimento urbano com excesso de intervenção do Estado.

Quando me refiro à falta de qualidade não significa apenas a questão construtiva que acaba sendo imposta por fatores econômicos normais em qualquer país do mundo. Pela absoluta displicência com planos urbanísticos inadequados, transportes, saneamento básico, falta de legislação para processos de intervenção urbana e de um entendimento intermunicipal que permita projetos integrados de infraestrutura que atendam a população com qualidade.

Pergunto ao leitor: Marchamos para um caos político e social no plano urbanístico ou estamos procurando a criação de centros urbanos modelo numa escala humana?

A vida de cada família ou indivíduo poderá ser mais autossuficiente com fácil acesso a escolas, esportes, lazer, atividades culturais, comércio e serviços e proximidade ou fácil acesso ao local de trabalho.

Eu e Ivo

Conheci o Ivo no ano de 2000, com apenas 25 anos. Eu era sócio de um jovem, mas inovador escritório de Arquitetura, formado há poucos anos em administração de empresas pela FGV e apaixonado pelo marketing imobiliário. Ele era naquela época sócio e presidente da maior empresa imobiliária do Brasil, a Gafisa. Em uma tarde, veio ao meu escritório falar comigo e minha irmã Patricia sobre um novo empreendimento que estava projetando na Vila Olimpia. Queria gente inovadora para dar uma roupagem diferente neste produto a ser lançado. Conversamos durante horas sobre tudo e sobre o projeto. Contou sobre o momento difícil que o mercado atravessava, sobre a necessidade da Gafisa em se diferenciar, da importância da inovação. E me impressionou a humildade dele como pessoa e líder e também a visão, o entusiasmo e paixão pelos produtos e pessoas que atuavam nesse mercado. Ele acreditou no nosso trabalho e nos contagiou. Esse contato foi altamente inspirador para nós, tão jovens e com tão pouca experiência no mercado, transformando esta inspiração em um sucesso.

Sete anos depois ele reaparece em minha vida, graças a influência do Guilherme Cunha seu irmão e do Dr Nivio Terra, amigos e conselheiros. Nosso escritório de arquitetura já era reconhecido como um dos mais importantes e participativos no mercado imobiliário e tocávamos uma pequena incorporadora de produtos de nicho, a ALFA REALTY. Ele tinha recém saído da Gafisa e já tocava um outro projeto – a Brasil Agro. Ousado, me convidou para ser seu sócio em uma idéia – sermos desenvolvedores e gestores de empreendimentos imobiliários a serem incorporados por fundos, investidores ou grandes incorporadores. – *Não quero jogar fora meus 50 anos de experiência imobiliária, preciso continuar, passar isso adiante* – disse ele. Ele havia combinado com o pessoal da Agro que 20% do tempo de trabalho dele seria dedicado ao novo projeto. Pura e doce mentira. Ele dedicava sim um dia por semana inteiro como combinado, mas ele não contabilizou as inúmeras horas nos finais de semana e nas noites até de madrugada em negociações de terrenos, planilhas de viabilidade, criação de produtos, visitas a áreas e conselhos e orientações para mim e todos os demais membros da Alfa. Para a Alfa e para mim, foram 50 anos em 5, literalmente, pois ele impunha um ritmo frenético e de absoluto rigor nas análises e resultados.

Ele era incansável. *Nada resiste ao Trabalho* dizia ele, não desistindo nunca de um terreno difícil ou de melhorar um produto. Era também charmoso, sedutor, inspirador. Não tinha favor que ele não pedisse que não conseguisse. Sabia ser duro também. E muito teimoso. Era difícil mudar qualquer idéia ou conceito, mas sabia dar espaço à criatividade e à inovação como ninguém, ao seu estilo. E seus conceitos imobiliários eram de uma clareza impressionante. Para lembrar de alguns...

Sobre a Alfa:

> *Faça 7, 8 empreendimentos por ano. No máximo. Você vai ganhar mais do que fazendo 20, pois incorporação depende da visão e controle dos donos. E fica difícil alguém controlar e visitar mais que 7 ou 8 empreendimentos simultâneos. E conhecer os corretores e os clientes. Acredite em mim.*

Sobre os terrenos:

> *Só compre terrenos absolutamente Premium. Fique com o miolo da gema. O miolinho mesmo, entendeu? O resto descarte. Jogue fora parte da gema, a clara e principalmente o óleo da fritura.*

Sobre as empresas imobiliárias que recém haviam aberto capital e captado milhões:

> *Nunca vi tanta besteira sendo feita em tão pouco tempo. É gente de São Paulo indo incorporar em Palmas ou em São Luis do Maranhão sem saber onde fica a quitanda naquela cidade. É incorporador de alto padrão fazendo minha casa*

minha vida. Não dou 5 anos para que muitas destas empresas estejam endividadas e em situação complicada. E com muitos executivos ricos e aposentados.

Sobre os produtos:

Nenhum produto é igual, pois é quase impossível termos dois terrenos , bairros ou pessoas iguais. São telas que um artista pinta. Só tem valor se tiverem diferenciação, mesmo que o estilo seja próprio. Se não for assim é commoditie. E aí a arte acaba e o mercado de commoditie impera, com seus altos e baixos. Você precisa despertar o desejo das pessoas. E desejo é pra já!

Sobre incorporadores:

Difícil banqueiros ou empreiteiros serem bons incorporadores. Muito raro, pois empreiteiros gostam mais de dinheiro do que de pessoas. E banqueiros mais de dinheiro do que de produto. Ou vice versa, tanto faz a preferência deles, mas o resultado sempre é o mesmo.
Incorporação é personalíssimo e não é hereditário. Não conheço nenhuma incorporadora no mundo com mais de 100 anos de existência, nem nenhum neto incorporador de talento.

Nada mais profético, certo?
Nos últimos cinco anos da vida deste *Incorporador Arte*, tive o privilégio de aprender, desenvolver e incorporar diversos empreendimentos de alto padrão em São Paulo, com muito sucesso e alegria. Infelizmente ele não teve tempo de ver o resultado da maioria desta sua última coleção de negócios pronta. Perdemos realmente um grande cara. Mais que uma pessoa de visão e de enorme talento, perdemos uma pessoa humana e generosa na sua essência, que ajudou a formar outros inúmeros talentos nesse mercado imobiliário. Obrigado Ivo!

Eudoxios Anastassiadis

Impresso em São Paulo, SP, em agosto de 2015,
com miolo em off-white 90g/m²,
nas oficinas da Assahi Gráfica
Composto em Electra, corpo 12 pt.

Não encontrando este título nas livrarias,
solicite-o diretamente à editora.

Escrituras Editora e Distribuidora de Livros Ltda.
Rua Maestro Callia, 123 – Vila Mariana – São Paulo, SP – 04012-100
Tel.: (11) 5904-4499 / Fax: (11) 5904-4495
escrituras@escrituras.com.br
imprensa@escrituras.com.br
vendas@escrituras.com.br
www.escrituras.com.br